DE SOCRATE IUSTE DAMNATO

LONDON STUDIES IN CLASSICAL PHILOLOGY

Volume Seven

DE SOCRATE IUSTE DAMNATO

THE RISE OF THE SOCRATIC PROBLEM IN THE EIGHTEENTH CENTURY

by
MARIO MONTUORI

J. C. GIEBEN, PUBLISHER
AMSTERDAM 1981

ISBN 90 70265 73 7
Printed in The Netherlands

To Giuseppe Giangrande

CONTENTS

FOREWORD

The fact that the Socratic problem, as a problem of historical knowledge, rose with Schleiermacher's famous *regula aurea*, is a *communis opinio* confirmed by a long tradition of studies.

However, a careful study of the 18th Century writings on Socrates, the results of which have already been used in the volume *Socrates. Physiology of a Myth*, Amsterdam 1981 (Ital. ed., Florence 1974), made it possible to rediscover a series of writings of unexpected topical interest and thus radically modify the historical picture of the Socratic problem.

Before Schleiermacher, the *savant* Fréret, resisting the fascination of the myth of the just man condemned, presented an image of Socrates as a man of his time who had found the conditions of his existence and the reasons of his destiny in the situation of Athens at the time of the Peloponnesian War. Contemporarily, although independendently, Dresig found the justifications of the accusation, trial and condemnation in Socrates' ruthless criticism of Athenian democracy. Furthermore, well before Stapfer, the Abbé Garnier compared Plato and Xenophon as Socratic witnesses, attributing to the former the merit of portraying Socrates humanly alive and historically faithful. On the other hand, Palissot, the playwright derogatorily called "modern Aristophanes" by the "modern Socrateses," acquitted the author of *Clouds* of any responsibility for the death of the just man.

With the 18th Century Socratic bibliography, the publication of this volume is meant to retrieve for the Socratic historiography some of the most significant works on Socrates of the Age of Enlightenment, trusting that it may contribute to reinforce the spirit and the argumentation of the critical revision of the Socratic problem which has been going on for some time.

I would like to express my gratitude to Professor Giangrande, Dr. Heather White, Miss Anne Lewis-Loubignac and Mrs. Maria Langdale for their valuable help in preparing this volume for publication. I am most grateful also to the publisher, Mr. J.C. Gieben, for the speed and efficiency with which he has published this book.

M.M.

THE RISE OF THE SOCRATIC PROBLEM IN THE EIGHTEENTH CENTURY

The charge by which the Romantics accused the Illuminists[1] of being anti-historic and even of not having a sense of history, caused considerable harm to Socratic studies. It is a fact that the wealth of studies and research on the person and work of Socrates produced in the age of Illuminism was practically eliminated from Socratic historiography and finally ignored in the controversy against Illuminism. This controversy situated the conscious beginning of the Socratic problem in the neo-humanistic and romantic age and attributed its origin to the famous *regula aurea* of Schleiermacher.[2]

Socrates became a problem of historical knowledge with Schleiermacher and not before, because the studies of the age of Illuminism ignored and knew nothing about the world of history.

Hegel looked with complacency on the historians of philosophy of the 18th century, qualifying Brucker's method[3] as *anti-historic.* Brucker's *Historia Critica*[4] was therefore considered by the

1. On the subject of the accusations made against the Illuminists see my study *Socrate. Fisiologia di un mito*, Florence 1974, p. 47 ff. I would point out that the present introduction presupposes and make use of my previous articles about Socrates and in particular my principal work, *Socrates. Fisiologia di un mito*, to which I refer the reader for any further reference or discussion.

2. Cf. F. Schleiermacher, *Über den Wert des Sokrates als Philosophen*, in *Abhand. Berlin. Akad. Philos. Kl.* 1818, p. 50 ss.; reprinted in *Gesamm. Werke*, Berlin 1838, III, 2, p. 287 ff. The text of Schleiermacher's famous *regula* is given later.

3. G.G.F. Hegel, *Vorlesungen über die Geschichte der Philosophie*, Ital. transl. by Codignola and Sanna: *Lezioni sulla Storia della Filosofia*, 4 vols., Perugia-Venezia 1930, vol. I, p. 129.

4. J. Bruckeri, *Historia Critica philosophiae a mundi incunabulis ad nostram usque aetatem deducta*, Lipsiae 1742, 1767², 6 vols. See E. Garin, *La Storia 'critica' della filosofia del Settecento*, in *Giorn. Crit. d. filos. it.* XLIX, 1970, I, pp. 47-69.

epigones as a kind of mythology or pre-history of the history of philosophy, the classical example of how history should not be written.

Zeller, Renouvier and Fouilliée hardly mention Brucker and do not say much more about Fréret,[5] though they mention him with token respect.

From Gomperz onwards, however, Socratic studies of the 18th century and their authors are stubbornly ignored.

Even Böhm,[6] who devotes to the Socratic historiography of the 18th century a study which is valuable in many ways, is nevertheless convinced that the problem of the historical Socrates only began with Schleiermacher. He pays no attention to Fréret, and ignoring Garnier[7] completely, attributes to Stapfer[8] the merit of having been the first to pose the problem of the criticism of Socratic sources.

Worse still, Magalhâes-Vilhena,[9] although he falls prey to lengthiness and irrelevance in more than one hundred pages of Socratic bibliography at the end of his two volumes on Socrates, does not even mention a single writer of the 18th century, deli-

5. Concerning the famous French scholar Nicolas Fréret, who was born in Paris on 15th February 1688 and died there on 8th March 1749, and was life secretary of the Académie des Inscriptions et Belles Lettres, see Leo Joubert's article in *Nouvelle Biographie Générale* [...] pub. par Firmin Didot Frères sous la direction de M. le Dr. Hoefer, Tome XVIIIme, Paris 1855. This article also gives a list of Fréret's formidable output in an immense variety of subjects and an important bibliography about him. See note 1, p. 37 in my book *Socrate. Fisiologia di un mito* on Fréret, whose study *Observations sur les causes et sur quelques circonstances de la condamnation de Socrate* is republished in the present work.

6. R. Böhm, *Sokrates im achtzehnten Jahrhundert. Studien zum Werdegange des modernen Persönlichkeitsbewusstseins*, 1929, Neremünster 1966.

7. Garnier, L'Abbé, *Premier mémoire sur Platon. Caractère de la Philosophie Socratique* [Lu le 30 Juillet 1761] in *Mémoires de Littérature* [...] *de l'Académie Royale des Inscriptions et Belles-Lettres*, 1761-1763, Tome XXXII, Paris 1768, pp. 137-163. Garnier's study is reproduced in full in this volume. See my *Socrate. Fisiologia di un mito*, p. 45, n. 24.

8. See Böhm, *Sokrates, op. cit.*, p. 305, on Stapfer, *De Philosophia Socratis*, Berne 1768.

9. See De Magalhâes-Vilhena, *Le problème de Socrate. Le Socrate historique et le Socrate de Platon*, Paris 1952, pp. 475-566, also the *addendum*: *Socrate et la légende platonicienne*, pp. 231-235 with the "Doxografia Socratica," p. 225 ff.

berately sacrificing them to the *communis opinio* that the problem of Socrates was born with Schleiermacher and Schleiermacher alone.[10]

"Who can Socrates have been, other than the man described to us by Xenophon," asked Schleiermacher,[11] "without contradicting the traits of character and the rules of life that Xenophon describes as decisively Socratic, and furthermore what must he have been to have given Plato the urge and the right to present him as he does in his Dialogues."

Clearly, with Schleiermacher's *regula*, the Socratic problem became identified with the problem of the Socratic sources, or better still, with the problem of the blending and agreement between Xenophon and Plato. Their evidence was questioned in order to situate the philosophy of Socrates at that first moment in the history of Greek thought when, in opposition to the δόξα of the Sophists, there was an awareness of the idea of ἐπιστήμμ which was to lead to Plato's metaphysics and Aristotle's conceptualism.

Nevertheless, the very elasticity of the criteria of the research aimed at eliminating the *excess* of Plato and the *deficiencies* of Xenophon, obliged the researchers to oscillate continually between Plato and Xenophon, thus giving to Socrates or taking away from him, with subjective judgement, more or less of what really belonged to him.

Thus Hegel attributed different roles to Xenophon and Plato as Socratic sources. He saw the former as a more faithful interpreter of Socrates' moral thought. He considered the latter as a more sensitive witness of Socratic humanity: "If we ask ourselves whether it is Xenophon or Plato who has depicted Socrates most faithfully in his personality and in his doctrine," wrote Hegel,[12] "we must reply that as regards the personality, the method and generally speaking the appearance of Socratic discourse, we are also indebted to Plato for a picture of Socrates which is very precise and perhaps more subtle; but as regards the contents of his knowledge and the maturity of his thought, we must give preference to Xenophon."

10. De Magalhâes-Vilhena, *Le Problème de Socrate, op. cit.*, p. 131 ff.

11. F. Schleiermacher, *Über den Wert des Sokrates als Philosophen*, in *G.W., op. cit.*, III, 2, p. 297.

12. Hegel, *Vorlesungen über d. Gesch. de. Philos.*, It. transl., *op. cit.*, II, p. 72.

In this way Hegel divided irreperably at its very base that identity of *humanity* and *philosophy*, so typical of the Socratic personality, whilst Socrates himself appeared to Hegel as the impersonal and irresponsible bearer[13] in the world of pure thought of the principle of innermost being (*Innerlichkeit*) as infinite subjectivity.[14]

Therefore, starting with Hegel, Socratic researchers tended on the one hand to place Socrates at the beginning of a new historical period in which the naturalistic research of the first Greek philosophers, having become exhausted in the individualism of the Sophists, was opened to moral meditation and definition of ethical concepts. On the other hand, they tended to depersonalise Socrates the *philosopher*[15] in order to insert the principles expressed by him[16] in the eternal dialectic of the idea[17] which appeared to Hegel all the more pure when it was free from all human and contingent historical reality.[18]

Socrates became a fact and a moment of an absolute thought[19] of which he was the impersonal and irresponsible bearer,[20] and Socratic philosophy was put exactly in its place in that necessary moment of the historical process when the idea, having been objectivised, returned to the universality of the subject.[21] The passage from the objectivity of nature to the interiority of the subject,[22] from physics to ethics, and finally from cosmology to anthropology, would have been accomplished in Socrates.

Once assumed that the transition from physics to ethics (accomplished, as Aristotle believed,[23] with Socrates) was the necessary transition from one moment to another in the history of

13. Hegel, *op. cit.*, I, pp. 9-10.
14. Hegel, *op. cit.*, II, p. 41.
15. Hegel, *op. cit.*, I, pp. 9-10.
16. Hegel, *op. cit.*, II, p. 41.
17. Hegel, *op. cit.*, I, p. 30.
18. Hegel, *op. cit.*, I, p. 10.
19. Hegel, *op. cit.*, I, p. 56.
20. Hegel, *op. cit.*, I, p. 10.
21. Hegel, *op. cit.*, I, p. 118 f.
22. Hegel, *op. cit.*, I, p. 118 f.; 183; II, pp. 41-42.
23. Aristot., *Metaph.* A. 6, 987a, 32b; M4 1078B 17-32 and *Le témoignage d'Aristote sur Socrate*, Paris 1942, p. 70 ff. by Deman who mentions those modern scholars who follow this opinion. See also De Magalhâes-Vilhena, *Le*

Greek thought, an historical periodisation was introduced. Hegel theorised it and his disciples and epigones exaggerated it and strictly distinguished and opposed historical epochs. This procedure in time of comology over anthropology, or the cosmic problem over the human problem, and the conflict of the two problems understood as a conflict between two impenetrable historical moments, led to the refusal to admit that naturalist philosophers had a human and earthly interest in human and earthly matters. Indifferent to their surroundings, they were described as dazed and absent-minded searchers after heavenly and earthly phenomena.

As a result, pre-Socratic philosophy as a whole, from Aristotle to Hegel and our own times, has been defined as a "philosophy of nature" which "being reflection on the evidence of the senses" excludes all "observation on spiritual life."[24]

This generalised classification of pre-Socratic philosophy as philosophy of nature, denies that the so-called "naturalist philosophers" had any other human interest. They were, on the contrary, legislators and politicians who were concerned with matters of worldly interest even before they became physiologists and philosophers. This was the result of the Aristotelic-Hegelian interpretation of the history of philosophy which developing, as Zeller says, along "the red line of historical necessity,"[25] only saw the appearance of the ethical, political and social aspects of the human problem at the time of the Sophists and not before. Hence Socrates, who "always spoke of human things"[26] and only knew of human wisdom[27] became the bearer of the principle of subjectivity,[28] or

problème de Socrate, op. cit., Chap. VI, *Les textes socratiques d'Aristote*, p. 22 ff. and the observations of L. Sichirollo, *Tre Saggi di storiografia filosofica*, Milan 1957, p. 13 ff. and *Aristotelica*, Urbino 1961, spec. p. I, *Dossografia e Storiografia in Aristotele*, p. 13 ff.

24. See Zeller in: Zeller-Mondolfo, *La filosofia dei Greci nel suo sviluppo storico*, Florence 1950, I, II, p. 15. Mondolfo in *Nota sulla filosofia presocratica*, ap. Zeller-Mondolfo, *op. cit.*, I, II, p. 27 ff., points out the extent to which modern historians have been influenced by Zeller's view that all pre-socratic philosophy should be defined as "philosophy of nature."

25. Zeller in: Zeller-Mondolfo, *La Filosofia dei Greci, op. cit.*, I, i, p. 12.

26. Xenoph., *Mem.* II, 16.

27. Plato, *Apol.* 20d.

28. Hegel, *Vorlesungen über d. Gesch. d. Philos.*, It. transl., *op. cit.*, II, p. 41.

the discoverer of the logical universe of concept,[29] the appearance of which in the world of pure thought definitely closed the individualistic age of the Sophists and opened the age of the idealism of Plato and the Platonists which was rooted in that principle.

Whilst Socrates' philosophy was given its place in an historical plan which postulated the identity of successive philosophical systems that had appeared in history with the various degrees and moments of the conceptual determination of the idea,[30] the meaning of Socrates' individuality, or Socrates as a thinking man was lost. Worse still, the concept and essence as well as the very history of Greek philosophy were falsified.

It is a fact that by freezing the thought of the ancient philosophers within the organised world of logical concepts, and by turning the philosophers themselves, men though they were, into personified mental categories, any enquiry into the historical reality in which the philosophers acted and thought as men was neglected. Consequently, the relation, influence and effect of their philosophy on their existence as men living among men, who were involved in the human problems of society even before those concerning God and the world, were ignored.

It is not surprising therefore that the trials of philosophers in Greece[31] were of no interest and have been given practically no plausible explanation. This is because the great majority of historians accustomed to understand philosophy as an activity linked mainly if not exclusively with logic and knowledge, and therefore having little interest in politics and ethics, were content to attribute these trials to popular outbursts of religious intolerance or to petty political intrigues disguised as religious fervour. Philosophers like Anaxagoras, Protagoras and Socrates would have been such victims in that city of Hellas which Plato praised, perhaps

29. Aristot., *Metaph.* M 4 1078b.

30. Hegel, *Vorlesungen über d. Gesch. d. Philos.*, It. transl., *op. cit.*, I, p. 41.

31. On the subject of the trials of the Greek philosophers, I refer the reader once more to my *Socrate. Fisiologia di un mito, op. cit.*, p. 230 ff. including notes. I also refer the reader to my studies *Sul processo di Anassagora* in *De Homine*, nn. 22-23 and *Socrate. Dal mito alla storia*, Athens 1967, in which an attempt has been made to interpret the philosophy of Socrates and Anaxagoras in the light of the reasons which led to the indictment, trial and sentence.

not without irony, as the Prytaneum of wisdom,[32] the city in which everyone enjoyed the greatest freedom of speech[33] and was therefore open more than any other to freedom of thought.

It was precisely because these trials were considered to have no relevance to a serious understanding of the philosophy of men such as Anaxagoras, Protagoras and Socrates, that the indissoluble unity of life and doctrine was destroyed. This unity characterises and identifies the personality of men who were philosophers involved in an active society of men. By reacting or conforming to it they determined and shaped their actions and doctrines to such an extent that they met the fate determined by their work.

The idea of the impersonality and irresponsibility of the creative individual expressed by Hegel,[34] was to lead to the humanity of Socrates being destroyed and engulfed in the principle of which he was the bearer,[35] so that in practice he became a sort of dialectic moment of the spirit that became clear at a given moment in time and at a given place.[36] Whenever there was a reaction to hegelianism and to the justification for the death of Socrates which Hegel gave on grounds of logic and outside history, because it was the death of a principle which was necessarily destined to succumb to another principle necessarily destined to survive,[37] the division between *humanity* and *philosophy* became clearer still, and the reasons for his death seemed even more alien to his thought.

Thus, this century of history denied precisely what the researchers of the Enlightenment had prevalently brought to light: Socrates the man and the perfect correspondence between the Socratic dialogue and the death by hemlock in the prison of the Eleven.

In fact the contrast created at the height of Illuminism between the image of Socrates praised by the *philosophes* as a martyr for the good cause, and that of the Athenian citizen justly accused, judged and sentenced for *ἀσέβεια* as revealed by the researches of the *savants*, was to lead to a long discussion on the case of Socrates. It was to last until the end of the age of Illuminism, and

32. Plato, *Prot.* 337d.

33. Plato, *Gorg.* 461e.

34. Hegel, *Vorlesungen über d. Gesch. d. Philos.*, It. transl., *op. cit.*, I, pp. 9-10.

35. Hegel, *op. cit.*, II, pp. 41-42.

36. Hegel, *op. cit.*, I, p. 41.

37. Hegel, *op. cit.*, II, p. 104.

eventually the symbol was shattered to reveal behind it the human visage of the ancient sage.

Indeed, it was not Socrates the *philosopher* in whom they were interested, but Socrates the *man* whom they wished to perceive as an individual; an individual rooted in a certain time and in a certain world in which he had found the conditions of his existence. But it was precisely in showing Socrates the man, sometimes entirely different from that sage of exemplary virtue beloved of the Italian Humanists, or from that martyr for the good cause who had become a symbol for deists and freethinkers, that the Illuminists' discission about Socrates became an aggressive negation of all tradition and opposition to all established authority. One notices in fact in this Socratic research a consciousness that its purpose was to make a break which went far beyond the modest subject of investigation. It was an insistent rejection of everything that could not be reduced to the human standard of clarity and definition; a defiant critical conscience which challenged the very structures of historical knowledge.

It is easy to see that these scrupulous Socratic researches, continually immersed in their sources into which in practice they dissolve are inspired by Descartes and Bayle, and perhaps more by the Pyrrhonism of the latter than the *esprit de géometrie* of the former. Looked at in the sceptical and anti-dogmatic spirit of Bayle, the Socrates of the *philosophes* and the Socrates of the *savants* can be seen as twins that grew up to be different and fought each other on opposite sides in the same battle. Hence the typically negative nature of the Socratic research of the Illuminists. It relies on brief academic transactions or University lectures, *epistolae gratulatoriae* or public dissertations that avoid pretentious and conclusive syntheses and it restricts itself to seemingly marginal subjects in which, however, everything that was considered to be definitively established or characteristic about the figure of Socrates, was questioned and in practice destroyed.

In fact, everything concerning Socrates is re-examined: his life, trial and death; his ethics, theology, metaphysics, dialectics and teaching; his daemon and paederasty; the Socratic sources and the reliability of Xenophon and Plato; the image of Socrates and his youthful studies of physics; his irony and maieutics. Some discuss Socrates the man and citizen, his ohysical appearance, his genius and prophetic gifts, his bigamy and his patience. Others trace a clinical portrait of a hypocondriac or madman.[38] The usual comparison with Jesus and Christian morality is made, and papers and clubs are founded bearing Socrates' name and tragedies and music are inspired by him.[39]

Already during the first decades of the 18th century, when deists and freethinkers took pleasure in wearing the mantle of the just man unjustly sentenced, praising his death at times as "l'apothéose de la philosophie," or else cursing it was "l'opprobre d'Athène," the *savant* Fréret[40] was cooling the enthusiasm of his *confrères* at the Académie des Inscriptions et Belles Lettres simply by pointing out to them that "la condamnation de Socrate par les Athéniens est un de ces évenément dont tout le monde parle et dont presque personne n'a examiné les circonstances."[41]

Being a true and practical philologist and historian, Fréret therefore placed Socrates back in his age and world in order to study the reasons for his death in the light "de la situation dans laquelle étaient alors les affaires de la république et de la disposition particulière des esprits."[42]

Based therefore on solid historical grounds, Fréret's acute investigation, which is valid even to-day, utterly destroyed that Platonic legend dear to the *philosophes*, who, when extolling Socrates as the victim of absurd calumnies, made him the first victim of fanatism and intolerance.

On the contrary, wrote Fréret, Socrates "fut uniquement la victime de ses railleries sur la forme du gouvernement démocratique établie de son temps."[43]

In other words, according to Fréret, the reasons for the death of Socrates were to be found in his attitude of radical opposition to Athenian democracy, sensationally expressed in the conduct of his disciples, Critias, Charmides, Alcibiades and Xenophon, who were all destroyers of the democratic fatherland. Fréret concluded that

38. In this connection see the bibliography at the end of this volume.

39. See *'Les Philosophes' di Palissot e la fortuna di Aristofane nella Storiografia socratica moderna*, in *Atti dell'Accademia Pontaniana*, N.s., vol. XXVII, Napoli 1978, p. 14 ff. of the extract.

40. On Fréret see above n. 5.

41. Fréret, *Observations sur les causes et sur quelques circonstances de la condamnation de Socrate, op. cit.*, p. 209, here p. 31.

42. Fréret, *op. cit.*, p. 233, here p. 56.

43. Fréret, *op. cit.*, p. 234, here p. 56.

"ses ennemis [de Socrate] et les auteurs de sa condamnation ont été les partisans outrés de la démocratie auxquels il s'etait rendu suspect; et les pretextes qu'ils prirent pour le perdre furent, d'une part, ses discours peu favorables au gouvernement populaire et ses liaisons avec Alcibiade, avec Critias et avec les autres ennemis de la démocratie; d'un autre côté, ce fanatisme par lequel il donnait à ses inspirations particulières une certitude au moins égale à celle des oracles les plus respectés."[44]

In Leipzig, Dresig[45] echoed the views of Fréret and indicated with great clarity in the title of the *Epistola, De Socrate iuste damnato* the conclusion he had reached.

Like Fréret, although independently from him, Dresig examined one by one the counts under which Socrates was indicted, showing that every single one was sufficiently justified by a definite attitude of his towards the city gods and the democratic government of the Athenian fatherland. The subtle relationship between *ἀσεβεια* and *μισοδημία* that is to say between the denial of the ancient gods and Socrates' dislike of the popular government, did not escape Dresig and he had the merit of being the first to point it out. "Itaque, ubi Socrates veteres deos negasse et novos introduxisse arguitur, nihil aliud ipsi hac accusatione crimini datum suspicior, nisi enim popularem imperium reiecisse et novum, hoc est paucorum imperium commendasse."[46]

Dresig therefore set against Socrates unjustly condemned a Socrates who showed himself to be a tenacious and dangerous enemy of the democratic regime,[47] and a partisan to the bitter end of a political aristocracy based on intelligence and competence, convinced as he was that *σοφία* and *πολιτική τέχνη* were one and the same thing: "ex mente Socratis regere rempublicam posse neminem nisi sapientem."[48]

44. Fréret, *op. cit.*, p. 276, here p. 99.

45. Siegmund Fridrich Dresig was born in Vorberg and began his studies in Leipzig in 1724 where he obtained a Master degree in 1730. He became a Conrector of the Thomas School. He committed suicide in 1742. About him and his writings see Ch. G. Jöckers, *Allgemeines Gelehrten-Lexicon z. Ergänzungsband* C-J; Georg Olms, Hildesheim 1960 s.v.

46. S.F. Dresig, *De Socrate iuste damnato*, Lipsiae 1738, p. 16, *op. cit.*, p. 110-111.

47. Dresig, *op. cit.*, p. VII: "Socratem popularis imperium fautorem non fuisse." Here p. 105.

48. Dresig, *op. cit.*, p. XVI, here p. 113.

The marked importance given by Socrates to the aristocratic political ideal, together with his denial of the city gods, led Dresig to prove what he had forecast in the title of the *Epistola*: that Socrates, having made himself responsible for subverting the religious and political systems of the democratic fatherland, became liable to accusation and condemnation: "hoc ipso maiestatis crimine si Socratem obstrinxisse et iuste tandem capitis damnatum esse."[49]

Fréret and Dresig were the first to carry out an unprejudiced historical research into the person of Socrates. Discarding the distorted impressions that the myth of the just man condemned cast on the Athenian philosopher sentenced for *ἀσέβεια*, they firmly placed his death in a well defined social and historical context and examined its causes with cool detachment.

This research into the circumstances surrounding the death of Socrates, based on the civil history of Athens, made it possible, in that tragic coherence between the Socratic dialogue itself and the death by hemlock, to see the human reality of the man Socrates, free of every myth.

This was how Fréret and Dresig began that subtle process of demythicizing the figure of Socrates, which characterised and defined a whole set of studies on Socrates in the age of Enlightenment.

The very daring nature of this thesis, which disproved the myth of the just man condemned and thus openly opposed a centuries old tradition headed by Plato and especially by Xenophon, forced the *savants* to take up positions and open the discussion into the case of Socrates.

This was all the more necessary as the religious struggles had led on the one hand to insistence on open discussion of the praise of Socrates as the first victim of fanaticism and intolerance; on the other hand, Charpentier's successful *Vie de Socrate*[50] made known in Germany by Thomas,[51] followed by Brucker's monumental

49. Dresig, *op. cit.*, p. XVI, here p. 113.

50. F. Charpentier, *La vie de Socrate* [1650^1, 1657^2] 1699^3. The edition of 1699 also includes *Les Choses Mémorables de Socrate. Ouvrage de Xénophon*, traduit de Grec en Fracois par M. Charpentier de L'Académie Francoise, Amsterdam 1699.

51. Ch. Thomas, *Das Ebenbild Eines waren und ohnpedantischen Philosophi oder das Leben Socratis*. Aus dem Französ. des Herren Charpentier ins

Historia Critica Philosophiae,[52] gave a sketch of Socrates based on the recollections of Xenophon which appeared to give a textual confirmation, difficult to dispute, to the traditional view of the just man condemned.

With no less daring Abbé Garnier[53] attacked a tradition which was even more solidly established and authoritatively confirmed, by making for the first time a comparison between Xenophon and Plato as Socratic witnesses. He showed how the dull image of Socrates sketched by the former should be completed by the live human portrait given by the latter.

"S'il etait question d'examiner lequel, Platon ou Xénophon a le mieux rendu Socrate – wrote Garnier[54] – il ne serait pas difficile de montrer en détail que Platon s'est principalment appliqué à le peindre dans toutes les positions et sous tous les aspects, sans jamais détourner les yeux de dessus son modèle [...] Au contraire Xénophon ne sort point d'une élegante simplicité, jamais il s'élève, tout y est dit avec grâce, mais tout y est dit sur le même ton [...] Enfin on trouve dans les écrits de Xénophon les grands principes de la morale socratique, mais, oserais-je le dire? on y chercherait Socrate en vain; ce n'est que dans Platon qu'il vit, qu'il respire, qu'il nous échauffe et nous transporte."

Garnier, in claiming that it is Plato who gives us a lively and human portrait of Socrates, places side by side for the first time the idealisation of the philosopher-poet and the bare simplicity of the soldier-historian. In so doing he anticipates Schleiermacher's *regula* by half a century and his opinion will be repeated almost textually by Hegel.

It was not a philosopher or an historian, but a man of letters and dramatist, Charles Palissot de Montenoy,[55] who was to make

Teutsche übersetzt, Halle 1693[1], 1765[2].

52. See above note 4.

53. The French philologist and philosopher Jean-Jacques Garnier was born at Gorron near Mayenne in 1729 and died at Saint-Germain-en-Laye in 1805. At first he taught Hebrew and then became Inspector in the Collège de France. In 1803 he was elected a member for the Académie des Inscriptions et Belles Lettres. His study *Caractère de la Philosophie Socratique, op. cit.* to which reference is made, is republished in the present volume, p. 115 f.

54. Garnier, l'Abbé, *Caractère de la Philosophie Socratique, op. cit.*, p. 162, here p. 138.

55. The French critic and playwright Charles Palissot de Montenoy was

a decisive contribution to demythicizing Socrates, the victim of an unjust sentence. His writings were naturally destined to have a much wider circulation and give rise to much greater discussion than the academic transactions and congratulatory dissertations of Fréret, Dresig and Garnier. Furthermore, if we consider that Palissot's description of Socrates conversing with Erasmus and laughing at the myth that flourished in his name was written independently, if not chronologically before the appearance of the studies by the *savants* mentioned above, we cannot help admitting the insight and originality of the perception of the young playwright, which is still valid to-day.

Palissot denies that Socrates was the victim of a plot planned by Aristophanes, pointing out that there was an interval of twenty years between the staging of *Clouds* and the indictment, trial and sentence, and that it is therefore impossible to hold Aristophanes responsible for an event which took place so many years after his comedy had been staged.[56]

In other words, the Sophists and Aristophanes were considered to be in no way responsible for the death of Socrates. The latter, on the contrary was held responsible for the conduct of his disciples who were guilty of crimes against the democratic fatherland. Plato endeavoured to minimize or conceal this responsibility by inventing the story of the oracle to Chaerephon and by describing a Socrates substantially different from the one put to death by the Athenians. Socrates' fortune was therefore a posthumous one, because Plato's defence of Socrates was identified with

born at Nancy in 1730 and died in Paris in 1814. He owes his fame more to the insults he received from the great men of his day than to his own merits. Concerning his play *Les Philosophes*, which brought down on him unquenchable hatred of the Encyclopaedists, see my previously quoted study *'Les Philosophes' di Palissot e la fortuna di Aristofane nella storiografia socratica moderna.* I refer here to the dialogue *Socrate et Erasme*, in Palissot, *Oeuvres Complètes*, n.e. Tome VI, 1779, pp. 169-181, reproduced in its entirety on p. 139 ff.

56. This remark had been made before Palissot, *Socrate et Erasme, op. cit.*, VI, p. 170, by Fréret in the previously quoted study *Observations sur les causes et sur quelques circonstances de la condamnation de Socrate*, which is republished here on page 31 ff. Since Fréret's study was not published before 1809, one must recognise that Palissot's remark is as original and independent as that of Fréret.

Plato's defence of himself: "Platon [...] parlait pour un mort qui n'avait plus d'ennemis, contre des rivaux qui en avaient."[57]

Nevertheless it was Palissot himself who was to provoke a surge of emotional compassion for Socrates, indicted, tried and sentenced, which was to interrupt and eventually end entirely the process of demythicizing Socrates and to revive the myth of the just man condemned, which had been popular for centuries.

Indeed, Palissot's comedy *Les Philosophes*, ridiculing the ideas and men of the French Enlightenment, must immediately have brought to mind the satire in which Aristophanes ridiculed the ideas and men of the Greek Enlightenment. And as Arsitophanes was believed to be responsible for the death of Socrates, the modern counterparts of Socrates in Palissot's comedy saw and wept over a prefiguration of their own destiny: "A-t-on lâché un plat Aristophane contre les Socrates, pour accoutumer le public à leur voir boire la cigue sans les plaindre?"[58] asked no less a person than Voltaire, making the comparison. However, once the comparison had been made, the philosophers immediately donned ostentatiously the mantle of the just man condemned, claiming for themselves pity for offended innocence and at the same time converging on Aristophanes the hatred for the mercenery calumniator.

They began to abuse Aristophanes in order to insult Palissot and to ridicule him by just calling him "Aristophane."[59]

Voltaire himself, who did not yet know the name of the author of *Les Philosophes*, asked what was "le nom de cet Aristophane,"[60] whilst Palissot himself tells us of the "mode d'outrager Aristophane"[61] when, after the staging of his comedy *Les Philosophes*, "on représentait Aristophane comme le scandale de la litérature et le genie le plus pervers qui eût jamais existé."[62]

57. Palissot, *Socrate et Erasme, op. cit.*, p. 179, here p. 000.

58. Voltaire to D'Argental, 11th May 1760, in Voltaire, *Oeuvres Complètes*, 52 vols., Paris, Garnier, 1877-1885; vol. XLIII, p. 26.

59. V. Palissot, *Examen de la Comédie des Philosophes*, in *Oeuvres Complètes, op. cit.*, vol. II, p. 206.

60. Voltaire to M. Saurin, 5th May 1760, in Voltaire, *Oeuvres Complètes, op. cit.*, vol. XXXIII, p. 655.

61. Palissot, *Dialogues historiques et critiques Avant Propos* in *Oeuvres Complètes, op. cit.*, vol. VI, p. 166.

62. *Ibid.*

However, to insult Aristophanes under the name of Palissot, or Palissot under the name of Aristophanes, really meant praising the innocence of Socrates and therefore the innocence of the "philosophes" who liked to be reflected in the ancient sage and to be glorified in him.

In its turn, the praise of the just man condemned made a victim. Having both been taken out of history to be involved in the myth, so that one symbolised the martyr for the good cause and the other the brutal persecutor, one the lamented victim, the other the detested calumniator, Socrates was exhalted above his very humanity, whereas all the hatred of the "philosophes" against Palissot was cast on Aristophanes. Both Socrates and Aristophanes were in fact disfigured and were turned into legendary figures and bore no relation to the historic personages who were citizens of the same town, Athens. Indeed, at the very moment that the "philosophes" made Socrates and Aristophanes the opposite symbols of the same myth, the process of demythicizing the Socratic figure which the *savant* Fréret had started thirty years earlier, was checked and eventually destroyed.

Thus there was a return to the fervour of the days of the wars of religion when Socrates had been looked upon as the first victim of free-thought, the martyr of fanaticism and political and religious intolerance. In other words, this was a return to the praise of the just man unjustly condemned in whose destiny was eventually prefigurated the destiny of the just man who died on the cross.

Aristophanes, on the other hand, was treated with deep and unquenchable hatred to the extent that even his name was cancelled from the small number of Socratic witnesses.

When the problem of the knowledge of the historical Socrates was again taken up during the neo-Humanistic and Romantic period, Aristophanes' comedy was considered to be of no documentary value for the purpose of historical reconstruction and was definitely ignored as a Socratic source.

In dealing with the problem of the Socratic sources so as to integrate the *deficiencies* of Xenophon and the *excess* of Plato, the apologetic sources alone were used. The witnesses for the prosecution i.e. Aristophanes, the act of indictment by Anytus, Meletus and Lycon, the verdict of the Heliasts and Polycrates' *κατηγορία* were ignored.[63]

The condemnation and death of Socrates were therefore explained as the fruit of evil calumnies, the result of an unforgivable injustice of which Aristophanes was the first to be responsible.

Once Aristophanes, the act of indictment of Anytus, Meletus and Lycon, the verdict of the Heliasts and Polycrates' accusatory document had been eliminated from the Socratic sources, Socratic research intended to bring to light *Socrates the philosopher* and his place in history was destined to lose all contact with *Socrates the man* indicted, tried and sentenced for *ἀσέβεια*.

The Socratic writings of Plato and Xenophon, which were essentially literary and apologetic, led to the praise of mythical-poetical images of the person of Socrates, legendary images with many and contradictory aspects.

Gigon[64] was quite right therefore when, about thirty years ago, he denounced the error made by Socratic researchers in mistaking the legendary Socrates for the Socrates of History, thus calling into question and rendering almost futile over a century of Socratic historiography and an endless production of studies and research on the person and works of Socrates.

Yet it was precisely this radical scepticism of Gigon, who denied any possible historical reconstruction of the personality of Socrates because of the exclusive literary and imaginative nature of the sources, that fostered the production of a quantity of Socratic studies. However, although they started from Gigon, these studies aimed at overcoming the discouraging and sceptical conclusions of the Swiss philologist.[65]

If it is true that some have conceded too much to Gigon's spirit of distrust and others too little, it is none the less true that there is no absence of studies which, thanks to the lessons of Gigon, have made possible the radical reconstruction of the Socratic problem that permits a coherent historical and critical interpreta-

63. See my *Socrate. Fisiologia di un mito, op. cit.*, p. 56. concerning the documentary value of Polycrates' accusation, the indictment of Anytus, Meletus and Lycon and the verdict of the Heliasts.

64. O. Gigon, *Sokrates. Sein Bild in Dichtung und Geschichte*, Bern 1947; 1979^2.

65. On this subject see my study *Socrate. Dal mito alla Storia*, Athens 1967, which proposes a way of overcoming the scepticism of Gigon. See also my larger volume *Socrate. Fisiologia di un mito*, which is based on the results of the earlier research.

tion of the human and philosophical personality of the son of Sophroniscus.

In this connection, the studies which should be considered of special interest are those which direct their investigation to Socrates the man who found in the Athens of his day the conditions of his existence and the reasons for his destiny. They explain the tragic coherence between the Socratic discourses and the death by hemlock and demonstrate the connection between the philosopher and his destiny, between Socratic philosophy and the motives for the indictment, trial and condemnation of Socrates the man.

The writings of Fréret and Dresig, Garnier and Palissot, which are being re-published in full, may become a useful incentive as well as welcome historical precedent for a consideration of the Socratic problem in the sense that we have mentioned. It may lead to a re-discovery of the Socratic problem with the object of merging continually the subject of the research with history; not with what Socrates said but with why he was condemned. As we must start from the premise that we know nothing about Socrates, except that he was indicted and sentenced for *ἀσέβεια*, the reason for his death should tell us something about his way of being and thinking.

The texts to which we draw the attention of the reader assist this purpose excellently. They are of great help in enabling us to revalue and recognise a fundamental moment in the historiography of Socrates which can be placed in the wider context of the philosophical historiography of the 18th century.

London, Autumn 1979 — Mario Montuori

BIBLIOGRAPHICAL NOTE

Nicolas Fréret read his paper *Observations sur les causes et sur quelques circonstances de la condamnation de Socrate* to the Académie Royale des Inscriptions et Belles-Lettres in 1736. The paper remained unpublished until 1809 when, sixty years after Fréret's death, it was included in the Acts of the Academy published in the volume entitled: Histoire / de l'Académie Royale / des Inscriptions / et Belles Lettres / avec / les Mémoires de littérature tirés des Registres de cette Académie / depuis l'année 1784 jusqu'au 8 Août 1793.

Tome / 47eme / a Paris, / de l'Imprimerie Imperiale / 1809. (pp. 209/276 in VIII° g.). See my *Socrate. Fisiologia di un mito, op. cit.*, p. 77 ff. and above p. 10, n. 5; p. 17 f. regarding Fréret's paper on Socrates and the delay in publication.

De Socrate iuste damnato by Sigismund Friderich Fresig, from which the present work takes its title, came out in a brochure as an *Epistola gratulatoria* in Leipzig in 1738. The title-page reads: SIGISM. FRIDERIC. DRESIGII / A.M. ET SCHOL. THOM. CONRECT / Epistola / qua viro clarissimo atque doctissimo / domino / Adriano Deodato / Stegero / lipsiensi / summos in philosophia honores / gratulatur / et / de Socrate iuste damnato / disserit / Lipsiae a D.X. Kalend. mart. 1738. Ex officina langenkemiana pp. 16 in XVI°.

On this subject cf. *Socrate. Fisiologia di un mito, op. cit.*, p. 39 ff. and above p. 18, n. 45.

The paper entitled *Caractère de la Philosophie Socratique* by the Abbé Garnier, was read at the Académie Royale des Inscriptions et Belles-Lettres on 3rd July 1761. It was published in the Acts of the Academy in 1768 under the title of: Memoires de Litterature, tirés des registres de l'Académie Royale / des Inscriptions et Belles-Lettres / depuis l'année 1761, jusque et compris l'année 1763.

Tome 32eme / a Paris / de l'Imprimerie Royale. 1768. pp. 137, 163 (in VIII° g.).

Cf. my: *Socrate. Fisiologia di un mito, op. cit.*, p. 45 ff. and above pp. 18 f.

Palissot's dialogue, *Socrate et Erasme*, is to be found in *Dialogues Historiques et Critiques* which I have transcribed from Vol. VI of Palissot's complete works which he edited himself and were published in 1799 under the title of: *Oeuvres Complètes de M.* [*CHARLES*] *PALISSOT* [*DE MONTENOY*] /*Nouvelle Edition* / *Revue, corrigée et considérablement augmentée* / Tome Sixième / Contenant divers mélanges / A Londres / Et se trouve à Paris, / chez Jean Francois Bastien / Libraire, rue du Petit Lion / 1779 in XVI°, pp. 169/181.

Concerning Palissot, his opinions about Socrates, and specially about Aristophanes as a Socratic writer, and the effect that his comedy *Les Philosophes* had on the history of modern Socratic historiography see my *Socrate. Fisiologia di un mito, op. cit.*, p. 32 ff. and notes *ibid.* and more specially my paper *'Les Philosophes' di Palissot e la fortuna di Aristofane nella storiografia socratica moderna* in *Atti dell'Accademia Pontaniana*, n.s. Vol. XXVII, Naples 1978, pp. 1-26 of the extraxt. See above p. 20, n. 55.

In publishing the above mentioned texts, I have made very few formal alterations. As these writings were edited by the authors themselves, with the exception of Fréret whose paper on Socrates was published posthumously, any alteration of the texts would have been more than arbitrary, I would have been positively rash.

I have only made some slight alterations to the spelling when I considered it advisable to modernise it. The same applies to punctuation which I have brought up to date, and I have set order in the use of capital letters and italics when I thought it necessary.

I thought it advisable to give in the margin of the pages of the present edition the numeration of the original editions.

As a rule I have given the quotations from classical texts used by the authors as they are in the editions of the time, even though, on many occasions, I have added in square brackets a reference to modern critical editions whenever it seemed to me that this was essential to the understanding of the text referred to. What is in itself interesting is not the philological correctness of the texts used by the authors, but the way they approached the Socratic problem in making use of the editions of the classics which were available to them. The notes to the texts which we publish are therefore to be seen as documents and explanations intended for the use of the readers our authors were writing for and not for us.

In this way I believe that I have never altered the original meaning of the republished texts, but have merely made them easier to read.

In accordance with the custom of the time, the textual quotations in the papers by Fréret and Garnier, published in the Memoires de l'Académie des Inscriptions et Belles-Lettres, were placed in the margins. I have however thought it preferable to use footnotes instead. As these quotations were not progressively numbered, whilst the explanatory notes by the authors themselves were given in footnotes which bore alphabetical symbols, I have considered it best to number both progressively and to add an asterisk to the texts to distinguish them from the notes.

Whenever I considered it to be appropriate, I have annotated the text, inserting in square brackets both the exponent of the note in the text and the footnote.

I have also placed quotations from modern editions, which I have added to those from the authors, in square brackets, whenever it seemed suitable.

Anything else to be found in the text in square brackets is my own responsibility.

M.M.

OBSERVATIONS SUR LES CAUSES ET SUR QUELQUES CIRCONSTANCES DE LA CONDAMNATION DE SOCRATE

Par N. Fréret*

Les événements les plus célèbres ne sont pas toujours ceux qui p. 209
sont les mieux connus et desquels on ait maintenant une plus juste idée: leur célèbrité même fait que le plus souvent on n'en examine pas les circonstances avec une certaine attention; on suppose qu'un semblable examen a déjà été fait plusieurs fois, et, dans cette supposition, on reçoit sans scrupule l'opinion commune, que l'on croit être le résultat de cet examen.

La condamnation de Socrate par les Athéniens est un de ces événements dont tout le monde parle, et dont presque personne n'a examiné les circonstances. On croit que la mort de Socrate fut l'ouvrage de la haine et de la jalousie des sophistes, qui, ayant trouvé, dit-on, le secret d'inspirer leurs sentimens au plus grand nombre des citoyens d'Athènes, le firent condamner comme ennemi des dieux et comme corrupteur de la jeunesse.

Cette opinion m'ayant toujours paru destituée de vraisemblance, j'ai cru devoir en examiner les fondemens avec la plus grande attention, afin de m'instruire, par les circonstances de cet événement et par le degré de certitude des témoignages sur lesquels on s'appuie, si cette opinion commune est du nombre de celles dont la critique nous oblige de reconnoître la vérité, quoiqu'elle ne puisse nous en faire comprendre la possibilité morale. C'est de cet examen que j'entreprends de rendre compte dans les observations suivantes.

* Lues en 1736.

I.re PARTIE

Que les Sophistes n'ont eu aucune part a la condamnation de Socrate

p. 210 La mort de Socrate est indubitablement du printemps de l'an 399 avant J.C. Il étoit alors âgé de soixante-neuf ans et un mois au plus. Le prétexte que ses ennemis prirent pour le perdre, ou les chefs d'accusation proposés contre lui, sont contenus dans la formule même de l'accusation judiciaire. Diogène [1] la rapporte d'après Phavorin, qui l'avoit vue à Athènes dans les archives du *Metroum*, où ces sortes de pièces étoient conservées. Elle se trouve dans Xénophon1*, sans aucune différence essentielle. Platon [2] la rapporte aussi, mais moins exactement; et, dans le commencement de son apologie, il semble parler d'une première formule d'accusation intentée contre Socrate, et très-différente de la seconde.

Dans cette seconde, qui est la même que celle de Xénophon et de Phavorin, on accuse Socrate, 1° de ne pas honorer les dieux que la ville adore, et d'introduire le culte de quelques génies ou démons étrangers et nouveaux; 2° de corrompre ou de séduire les jeunes citoyens. J'emploie le mot de *seduire*; car il ne paroît pas que les accusateurs de Socrate fissent tomber sur les moeurs la corruption dont ils l'accusoient: ce chef d'accusation n'eût pas été d'une grande importance dans une ville comme Athènes2*, où les lois ne punissoient ce genre de débauche que dans les esclaves, et où elles n'attachoient l'infamie qu'à la conduite de ceux qui avoient la bassesse de se prostituer pour de l'argent. [3] Pour s'en convaincre, il suffit de lire le plaidoyer d'Aeschine [4] contre Timarque; on y verra combien cet orateur se donne de mouvemens pour montrer aux juges qu'il ne confond point les débauches qu'il reproche à l'accusé, avec ce que l'on nommoit dans Athènes un *amour honnête*.

La première formule d'accusation, rapportée dans l'apologie de Socrate par Platon, contient trois chefs: 1° de rechercher avec

[1] [Diog. Laert. *Vit. Socrat.* II, 40]
1* Xénoph. *Apolog. Socrat.* [10].
[2] [Plat. *Ap.* 19 bc].
2* Plut. *Vit. Solon.* [XIX].
[3] [Esch. *c. Tim.* 21, 22].
[4] [Esch. *c. Tim. pass.*/.

trop de curiosité ce qui se passe dans la terre et dans les cieux; 2° de s'attribuer l'art de rendre la mauvaise cause supérieure à la bonne; 3° enfin, d'enseigner cette doctrine aux autres.

Un habile commentateur de Diogène Laërce, Aldobrandin[3*], frappé des différences essentielles qui se remarquent entre ces deux / formules, a cru que cette dernière étoit celle d'une première accu- p. 211
sation intentée contre Socrate, et différente de la seconde; et cette idée semble avoir été adoptée par Casaubon et par Ménage, sans penser qu'une variation semblable n'auroit pas été admise dans les tribunaux d'Athènes, où l'accusateur ne pouvoit, sans encourir la peine d'une grosse amende, abandonner une action intentée pour un crime public comme celui de Socrate; et que d'ailleurs cette variation, qui auroit montré combien ses accusateurs étoient peu sûrs de leur fait, n'auroit pu être oubliée par ses défenseurs dans leurs apologies. Mais toutes ces conjectures deviendront inutiles, si on lit Platon avec un peu d'attention. On y verra que c'est-là un tour d'éloquence et une fiction de rhéteur par laquelle il suppose que les anciens ennemis de Socrate ont rassemblé dans une formule d'accusation judiciaire, les calomnies répandues dans la comédie des Nuées d'Aristophane, et lui donne même le nom qu'elle auroit eu, si elle avoit été appuyée de la religion du serment. Il est vrai qu'à la première lecture de l'ouvrage de Platon, il étoit difficile de se garantir de l'erreur dans laquelle est tombé Aldobrandin: mais ce n'est pas la seule chose qu'il eût à reprendre dans le discours de Platon; car, malgré les éloges que l'on a coutume de lui donner, nous voyons qu'il s'est trouvé des anciens qui osoient n'en pas faire grand cas. Cassius Severus, *orateur célèbre* du temps d'Auguste, ne craignoit point de dire que l'apologie de Socrate par Platon *étoit egalement indigne de la reputation de l'accusé et de celle de l'avocat*[4*]. Socrate, qui jugea que le discours composé pour sa défense par Lysias, quoique bon en lui-même, ne lui convenoit point en cette occasion[5*], n'eût probablement pas porté un autre jugement de celui que nous a laissé Platon, s'il l'avoit vu.

Le second chef d'accusation contenu dans la vraie formule

3* In Diog. [Laert.], *Vit. Socrat.* cap. XL; not. Aldobrand. 81.

4* Plin., *Hist.* VII, 12. Quintil., *instit.* lib. X, et lib. VI, c. 2 [II 15, 30] [Diog. Laert., II, 40-41].

5* Senec., *Controvers.* lib. III, *praefat.* [Cicer., *de orat.* I 54, 231; Diog. Laert. II, 40-41].

proposée juridiquement contre Socrate, ou celui de séduire les jeunes citoyens, étoit extrêmement vague et ouvroit un vaste champ à la malignité des ennemis de ce philosophe. Aussi voyons-nous dans les Mémoires de Xénophon pour servir à l'histoire de Socrate[6*], mémoires dans lesquels il suit ses accusateurs pas à pas [sic!], que c'étoient la preuve et le détail de ce second chef qui occupoient la plus grande partie de leur discours; et peut-être c'est sur quoi il étoit plus difficile de leur répondre. /

p. 212 Les accusateurs de Socrate étoient au nombre de trois[7*]. Mélitus intenta l'accusation; la formule est en son nom, suivant l'usage d'Athènes. Le discours fut composé par le sophiste Polycrate [sic!], suivant Hermippus; selon d'autres, il étoit d'Anytus même, et le démagogue Lycon avoit conduit les premières procédures: quelques-uns y joignoient un Polyeucte[8], qui nous est inconnu, de même que Lycon.

Anytus et Mélitus furent les accusateurs de Socrate qui eurent le plus de part à sa condamnation: on trouve leurs noms répétés à tout moment dans les écrits de ceux qui ont parlé de cet événement; mais, contens de les nommer, ils ne se sont point attachés à rassembler les traits répandus dans les anciens qui pouvoien servir à nous les faire connoître.

Diogène Laërce assure, apparemment sur la foi des anciens dont il compiloit les ouvrages, qu'Anytus, l'accusateur de Socrate, étoit le même qu'Anytus fils d'Athémion, l'un des interlocuteurs du dialogue de Platon intitulé *Ménon.* Il ajoute que Platon avoit voulu donner dans ce dialogue l'histoire de la dispute qui brouilla Socrate avec Anytus, et qui porta ce dernier à se mettre à la tête des ennemis de Socrate. Cet Anytus, fils d'Anthémion, étoit un

6* Xenoph., *Memorabil.* lib. I.

7* Diogen. Laert., *Vit. Socrat.* [II] 38.

8 Diogène Laërce dit de ce Polyeucte: *εἰπε δὲ τὴν Δίκην* Πολύευκτος. Cela signifie, je crois, que c'étoit lui qui, dans le conseil des cinq-cents ou des prytanes, avoit prononcé le jugement par lequel on recevoit l'accusation, et par lequel on ordonnoit que Socrate seroit assigné et qu'on lui choisiroit des juges. Ces procédures préparatoires étoient assez longues; on le voit dans la *vie d'Alcibiade* par Plutarque; et le dialogue de Platon, intitulé *Eutyphron*, suppose qu'il se passa quelque temps entre l'accusation et le jugement: c'étoient apparemment ces procédures préparatoires que Lycon le démagogue avoit conduites. Les démagogues étoient des orateurs attachés aux intérêts du peuple, et chargés des pouvoirs d'une tribu pour laquelle ils portoient la parole. Aristot., *Politic.* IV, c. 4.

personnage considérable, né d'une famille riche depuis long-temps, et qui avoit rempli lui-même les grandes dignités de la république: ce même Anytus avoit été, selon Plutarque, amant d'Alcibiade, mais un amant maltraité. On ne peut faire un pas dans l'histoire de ces temps-là, sans y rencontrer des faits qui nous montrent que les plus nonnêtes gens, parmi les Grecs, ne faisoient que rire des choses dont nous ne pouvons entendre parler sans rougir.

L'orateur Lysias, dans sa harangue contre les marchands de blé[9*], nous apprend que cette année même dans laquelle il plaidoit, / Anytus étoit un des neufs archontes. Il ne fut point l'ar- p. 213
chonte éponyme, ou celui qui donna le nom à l'année; mais deux choses peuvent servir à nous indiquer la date de cet archontat, au moins à quelques années près: l'une, que Lysias ne vint à Athènes que sous l'archontat de Callias[10*], et vers la fin de l'année 412 avant Jésus-Christ; l'autre, que la guerre du Péloponnèse duroit encore lorsque le discours fut prononcé, et que les Athéniens avoient une flotte puissante; ce qui suppose un temps antérieur à l'année 406. Ce que je dirai dans la suite pour déterminer l'époque du dialogue de Platon et de la brouillerie d'Anytus avec Socrate, montrera que l'archontat d'Anytus est au plus tard de l'an 411: car, au temps de ce dialogue, Anytus avoit déjà rempli les premières dignités de la république, *τὰς μεγίστας ἀρχὰς*; ce qui ne peut désigner que l'archontat.

Au temps de la tyrannie des trente, Anytus fut un de ceux qui s'unirent à Thrasybule, et qui se mirent à la tête des bannis. Xénophon nous l'assure dans son histoire Grecque[11*], où Théramène, l'un des trente tyrans, le joint avec Thrasybule; et Lysias, dans son discours contre Agoratus[12*], lui donne formellement le titre de *stratége* ou de général.

La considération d'Anytus continua après l'expulsion des trente et le rétablissement de la liberté dans Athènes. Nos voyons, dans le discours d'Andocide[13*], pour se défendre de l'imputation d'avoir eu part à la profanation des mystères dont Alcibiade avoit été accusé, qu'il implore la protection d'Anytus et celle de Céphalus, en les priant de parler pour sa défense. Ce Céphalus auquel il

9* Lysiae, *orat.* ed. Steph. p. 165. [Lys. XXII 8]
10* Dionys Halicar., et Plutarc. in *vita Lysiae.*
11* Xen., *Hellen.* lib. II, p. 468. [II, III 42]
12* Orat. Graeci, ed. Henr. Steph. p. 137.
13* Andocides, *ib.* p. 5 [Andoc. IV]

joint Anytus, étoit celui qui avoit eu, avec Archinus, le plus de part au rétablissement des anciennes lois et de l'ancienne forme du gouvernement après l'expulsion des trente; et l'orateur Dinarque, dans sa harangue contre Démosthène[14*], assure que c'est encore plus aux conseils et aux réglements d'Archinus et de Céphalus, qu'aux victoires d'Iphicrate, de Chabrias et de Timothée, que l'on doit la liberté et la puissance d'Athènes.

Nous avons, dans Isocrate, une preuve encore plus précise du crédit dont jouissoit alors Anytus; c'est dans le plaidoyer contre Callimaque, prononcé quelque temps après l'expulsion des trente. Ce Callimaque, au préjudice de l'amnistie solennellement jurée, / demandoit la punition de je ne sais quelle violence qu'il prétendoit
p. 214 lui avoir été faite sous la tyrannie des trente: après qu'Isocrate a prouvé que sa partie n'a eu aucune part au fait dont Callimaque se plaint[15*], il passe aux moyens tirés de la fin de non-reçevoir, qui étoit une suite de l'amnistie, et, adressant la parole à Callimaque, il lui dit: "Voyez Thrasybule et Anytus, qui sont aujourd'hui *les plus puissants* de la république[16], et ceux qui ont été les plus maltraités sous les trente; ils n'intentent aucune accusation contre ceux qui ont été les auteurs ou les instruments de leurs pertes".

A l'égard de Mélitus, on peut soupçonner, sur un endroit de l'*Apologie* de Platon, qu'il étoit le même que le poëte tragique maltraité par Aristophane dans sa comédie des *Grenouilles*[17*], l'année qui précéda[18] la tyrannie des trente. Par l'histoire de Xénophon[19*], on voit qu'il y avoit dans Athènes, pendant l'administration de ces trente, un Mélitus qui fut choisi par le peuple, avec un autre député, pour aller négocier à Sparte un nouveau traité de paix, avec des conditions plus douces et plus favorables à la liberté, que celles que Lysander avoit imposées. La négociation de Mélitus fut heureuse; on permit aux Athéniens de suivre leurs anciennes lois, et de rétablir le gouvernement démocratique.

La manière dont Aristophane parle du poëte Mélitus, ne prouve rien contre son mérite: nous voyons comment il a traité

14* Dinarch., *contra Demosthen.*, p. 185; add. p. 177.

15* Isoc. p. 898 edit. 8 [Isocrat., *c. Call.* (XVIII), 21 ss.].

16 *μέγιστον μὲν δυνάμενοι τῶν ἐν τῇ πόλει* [Isocrat., *c. Call.* (XVIII), 23]

17* Aristoph., *Ranae*, vers. 1337.

18 En 406, Olymp. XCIII, *anno 3, in autumno.* Sam. Petit, *Miscell.* I, c. 14.

19* *Hellen.*, lib. II, p. 478 [Xen., *Hell.* II, IV, 36]

Euripide; et la qualité de poëte tragique ne devoit point empêcher les Athéniens de charger Mélitus d'une négociation, puisque la profession même de comédien n'étoit pas un obstacle[20].

Les harangues d'Andocide[21*] nous montrent un autre Mélitus, qui, ayant été impliqué dans l'affaire de la mutilation des statues de Mercure, s'étoit enfui d'Athènes, y étoit revenu sous les trente, avoit commis alors un meurtre et ne pouvoit cependant être recherché sur ce crime, à cause de l'amnistie. Mais ce Mélitus, coupable d'un meurte public et impliqué dans une affaire aussi odieuse que celle de la profanation des mystères, ne peut-être celui que les ennemis / de Socrate, quels qu'ils aient été, auront choisi p. 215
pour intenter contre ce philosophe une action d'impiété. Il y a beaucoup plus d'apparence que celui qu'ils chargèrent de l'accusation, étoit ce même Mélitus dont parle Xénophon, et qui devoit être agréable aux Athéniens par le succès de sa négociation. Si l'on veut que l'accusateur de Socrate soit un autre Mélitus, il faudra supposer qu'il y avoit alors quatre hommes de ce nom dans Athènes, et que tous quatre avoient une certaine célébrité: 1. Mélitus, le poëte tragique; 2. Mélitus, le député du peuple à Lacédémone; 3. Mélitus, le complice de la mutilation des statues; 4. Mélitus, l'accusateur de Socrate. Je crois plus naturel de n'en admettre que deux, et de supposer que l'accusateur de Socrate étoit le même que le poëte tragique et que le négociateur.

Comme nous n'avons dans aucun ancien écrivain une relation complète et détailléé de la condamnation de Socrate, ce n'est qu'en rassemblant et qu'en réunissant divers lambeaux épars dans les écrits des anciens, que nous pouvons parvenir à former l'histoire de cet événement: ainsi j'espère que l'on me pardonnera, non seulement les discussions, mais encore les écarts où m'engagera plus d'une fois la nécéssité de suppléer, par des preuves éloignées, aud défaut des preuves directes et prochaines dont nous sommes destitués.

Anytus, Mélitus et le démagogue Lycon, étoient, comme on a vu, les accusateurs et les parties déclarées de Socrate: mais quels étoient ses ennemis secrets? quels étoient ceux qui faisoient agir

20 Aeschine, *de falsa legat.* p. 397 [Aeschin., II, 15], nous apprend que le comédien Aristodème fut envoyé par les Athéniens à Philippe, et chargé d'une négociation auprès de lui.

21* Orat. Graeci, edit. Stephani, p. 5 et seq. [Andoc., I, 35]

ces trois hommes? quel étoit le motif qui les animoit contre Socrate? C'est là, ce me semble, ce qui n'a point encore été bien éclairci; et c'est là aussi ce que je me propose d'examiner dans la suite de ce Mémoire.

Socrate distingue lui-même, dans l'*Apologie* que Platon[22*] a composée sous son nom, ces deux sortes de parties, et assure que ceux qui accompagnent Anytus, sont ses parties déclarées: "mais, quelque sujet qu'ait Socrate de redouter leur habileté, ses ennemis qui ne se montrent point, sont encore, ajoute Platon, beaucoup plus dangereux. Depuis long-temps ils ont accoutumé les Athéniens à l'entendre charger des accusations les plus graves; et Aristophane en a même fait le sujet d'une de ses comédies[23*]".
p. 216 C'est celle des *Nuées*, / où nous retrouvons encore aujourd'hui toutes les choses que Socrate indique dans l'apologie composée par Platon.

Cette comédie fut représentée pour la première fois, vingt-quatre ans avant le procès de Socrate, et la première année de la LXXXIXe olympiade. Elle eut un très-mauvais succès. Aristophane, y ayant fait quelques changemens, la remit au théâtre l'année suivante; mais elle ne fut pas mieux reçue. Le poëte ne se rendit pourtant pas; il retoucha sa pièce, et se préparoit à la faire encore paroître une troisième fois, lorsqu'il en fut empêché par des raisons que nous ignorons. Ce détail est constant: il est rapporté, soit dans les scholies, soit dans les anciens argumens joints à cette pièce; et les scholiastes l'avoient tiré des didascalies dans lesquelles les anciens critiques avoient donné l'histoire du théâtre Grec. On trouve d'ailleurs dans la pièce même, telle que nous l'avons aujourd'hui, des endroits qui montrent, non-seulement qu'elle avoit été retouchée en des temps différens, mais encore qu'elle avoit été mal reçue par les Athéniens. On peut en voir la preuve détaillée dans les *Mélanges* de Samuel Petit[24*].

On a peine à comprendre après cela comment Elien[25*] a pu dire que la pièce avoit été reçue avec de si grands applaudissemens par le peuple d'Athènes, qu'il avoit forcé les juges, par se clameurs, d'inscrire sans examen le nom d'Aristophane avant celui

22* Plat., *Apolog. Socr.*, p. 14e. [*Ap.* 18 bc]
23 *Ibid.*, p. 15 [*Ap.*, 19 bc]
24 *Miscell.* lib. I, cap. 6.
25* Aelian., *Var. Hist.* lib. II, cap. 13.

des ses concurrens. Il est fort étonnant que ce témoignage d'Elien, dont la fausseté est si pleinement démontrée, soit encore suivi par de très habiles gens[26].

Elien ajoute, dans son récit, que ce furent les sophistes irrités des railleries que Socrate faisoit perpétuellement de leurs opinions et de leur conduite, qui engagèrent Mélitus et Anytus à donner une somme considérable d'argent à Aristophane, pour déchirer Socrate / et pour en donner les idées les plus noires et les plus affreuses, p. 217
comme il le fait dans cette comédie des *Nuées*. Ce récit d'Elien est faux et absurde dans toutes ses circonstances. La pièce des *Nuées* fut représentée, comme on l'a vu, pour la première fois, vingt-quatre ans avant l'accusation de Socrate. Or, au temps de cette accusation, Mélitus étoit encore un jeune homme, avant fort peu de barbe, à ce que Platon fait dire à Socrate lui-même[27*]; comment auroit-il été en état, vingt-quatre ans auparavant, c'est-à-dire, lorsqu'il sortoit à peine de l'enfance, d'entrer dans une ligue contre Socrate, et de disposer d'une somme d'argent capable de tenter Aristophane? On ne voit point d'ailleurs que ce Mélitus ait été un homme assez riche pour s'être trouvé dans cette situation, lors même qu'il fut dans un âge plus avancé.

Diogène Laërce, sans doute par cette considération, suppose que ce fut Anytus seul qui engage le poëte Aristophane à ridiculiser Socrate dans sa comédie; que ce fut pour se venger des railleries de Socrate, et qu'il est le même que l'Anytus, fils d'Anthémion, dont Platon rapporte la conversation avec Socrate, dans le dialogue intitulé *Menon*.

Il n'y fait aucune mention des sophistes: cependant, quoique ni Xénophon, ni Platon, ni aucun des anciens écrivains de l'histoire philosophique, ne leur attribue la condamnation de Socrate, l'autorité d'Elien a entraîné tous les modernes. A l'exception du

26 M. Rollin, *Hist. anc.* tom. IV, p. 391 et 392, adopte aussi dans toute son étendue l'opinion que j'examine dans la suite de ces observations. Feu M. Touriel, de cette Académie, dans la préface historique mise à la tête de la traduction des Harangues de Démosthène, appelle la condamnation de Socrate le crime capital de la poésie Grecque. "Aristophane," ajoute-t-il, "avec ses tours comiques, fit déclarer impie, et comme tel condamner à mort, celui qu'Apollon avoit déclaré sage par son oracle de Delphes". Imagineroit-on, en lisant ces paroles, que la représentation des *Nuées* et la condamnation de Socrate sont deux évènemens éloignés de vingt-quatre ans l'un de l'autre?

27* Plat., *Eutyphr.* [2b].

savant Paulmier de Grentemesnil[28*] et de quelques autres, ils ont cru que la mort de Socrate n'avoit d'autre cause que la haine de ces sophistes qu'il n'avoit pas assez ménagés. On me permettra de rapporter ici la manière dont cette opinion est proposée dans un ouvrage moderne,au mérite duquel le public a rendu tant de justice, dans *l'Histoire ancienne* de M. Rollin, notre confrère. Le caractère de son auteur, sa modestie, son amour et son respect pour la vérité, dans les sujets même les moins importans, me mettront en droit d'examiner et même de contredire une opinion qu'il a adoptée, sans craindre qu'il m'accuse de manquer par-là au respect qu'un disciple doit toujours à son ancien maître. Après avoir donné, dans le quatrième volume de cette *Histoire*[29*] , un portrait très-long et fort bien fait du caractère des sophistes, que j'ai peine à m'abstenir de rapporter ici, et après avoir montré de quelle ma-
p. 218 nière Socrate les démasquoit / il ajoute: "On juge aisément que des hommes du caractère des sophistes dont je viens de parler, qui étoient en crédit chez les grands, qui dominoient parmi la jeunesse d'Athènes, qui depuis long-temps étoient en possession de la gloire de bel-esprit et de la réputation de savant, ne pouvoient être attaqués impunément, d'autant plus qu'on les prenoit en même temps par les deux endroits les plus sensibles, par l'honneur et par l'intérêt. Aussi Socrate, pour avoir osé entreprendre de démasquer leurs vices et de décrier leur fausse éloquence, éprouva-t-il, de la part de ces hommes également corrompus et orgueilleux, tout ce que l'on peut craindre et attendre de l'envie la plus maligne et de la haine la plus envenimée". Comme c'est cette opinion dont je me propose d'examiner ici la vérité, il faut en discuter séparément les différentes parties, et montrer:

1. Qu'ils est impossible qu'Anytus ait engagé Aristophane à jouer Socrate dans sa comédie des *Nuées*, puisqu'alors il n'avoit encore rien eu à démêler avec ce philosophe, et que plusieurs années après il étoit encore en bonne intelligence avec lui;

2. Que ce même Anytus étoit bien éloigné de se joindre avec les Sophistes contre Socrate, puisqu'il avoit pour eux la haine la plus violente, et qu'il n'en parloit qu'avec horreur, s'il en faut croire Platon.

28* Palmer, *Exercit.* p. 729.

29* Imprimé en 1732. Voyez depuis la p. 385 jusqu'à la p. 390; edit in 4°.

3. Que cette conspiration des sophistes contre Socrate est une chose imaginée par les écrivains postérieurs, et de laquelle on ne trouve nulle trace dans les écrivains contemporains et disciples de ce philosophe; enfin, que quand bien même la haine de ces sophistes pour Socrate eût été telle qu'on la suppose, des gens qui n'avoient pas eu le crédit d'empêcher la condamnation de la personne et des écrits du plus considéré d'entre eux, du fameux Protagore, ne devoient pas se trouver, quelques années après, en état d'inspirer leur haine contre Socrate à toute la ville d'Athènes, et d'engager les tribunaux à devenir les ministres de leur vengeance.

C'est Platon lui-même, dans son *Menon*, qui me fournira la preuve des deux premières propositions. Socrate, dans ce dialogue, après s'être entretenu quelque temps avec Menon le Thessalien[30], / sur l'éducation des enfans, et avoir agité avec lui la ques- p. 219
tion de savoir si cette éducation peut suppléer au défaut du naturel, ou si elle ne fait autre chose que développer les connoissances et les talens dont le germe étoit déjà en nous, passe à une seconde question, à celle de savoir si la vertu peut s'enseigner de même que les sciences[31], et s'il y a un art qui puisse donner de l'esprit et de la *capacité*; car c'est ce que signifie en cet endroit le mot de *vertu* (ἀρετή): il ne doit pas être restreint aux vertus ou perfections morales desquelles il ne s'agit point dans le dialogue.

Socrate examine ensuite quels sont les maîtres qui peuvent enseigner cet art; après quoi il propose à Menon de faire entrer dans la conversation Anytus fils d'Anthémion, qui par hasard se trouve auprès d'eux. Il le lui présente comme un homme d'une famille riche depuis long-temps, bien élevé, et au mérite duquel le peuple

30 Ce Menon du dialogue semble avoir été de Larisse en Thessalie, et parent d'un Prodicus de la même ville, disciple de Gorgias, qui lui avoit donné des leçons / d'éloquence et de philosophie. Il ne faut pas le confondre avec un autre Menon de Pharsale, dont il est parlé dans Thucydide (*lib.* I, cap. 22), et dans Démosthène (*de ordin. Republic.* p. 126, et *in Aristocrat.* p. 757), comme d'une homme qui avoit rendu de grands services au Athéniens. Celui-ci étoit hôte public de la ville d'Athènes; il eut un fils nommé Thucydide (Marcell., *Vit. Thucyd.*) et ce fils, qui étoit aussi *proxène* ou hôte public, se trouvoit à Athènes au temps des quatre-cents, olym. XCII. Thucyd. VIII, 93.

31 Plutarque avoit composé un écrit pour montrer que la vertu peut s'enseigner (vol. II, p. 439); mais il n'en reste qu'un fragment, qui ressemble plus à une déclamation qu'à un traité où l'on veut établir des principes et raisonner conséquemment.

d'Athènes a rendu plus d'une fois témoignage, en l'élevant aux plus grandes charges.

Socrate, qui feint d'être persuadé du principe dans lequel étoit Anytus, que l'on peut trouver des maîtres pour la *vertu*, lui demande s'il ne croit pas qu'un père fit bien de mettre pour cet effet ses enfans sous la conduite de quelque'un de ces sophistes qui vont par les villes offrant d'enseigner pour un certain prix aux jeunes gens tout ce qui peut contribuer à les rendre meilleurs. "Par Hercule! s'écrit Anytus avec une espèce d'emportement, ô Socrate! me préservent les dieux, moi, mes parens, mes amis, mes citoyens et même les amis de cette ville, d'une semblable manie! Le commerce avec de tels hommes et pernicieux; c'est une contagion qui infecte ceux-mêmes qui ne font que les approcher". Socrate ré-
p. 220 pond à cette exclamation d'Anytus, en lui demandant / comment il peut se faire que, tandis qu'il est impossible aux autres artisans de cacher long-temps au public leur ignorance ou leurs prévarications dans l'art qu'ils professent, les sophistes possèdent le secret singulier de perpétuer l'illusion. "Protagore, continue-t-il, a exercé cet art pendant plus de quarante ans, sans que l'on se soit aperçu qu'il ait jamais rendu ses élèves plus méchans. Ayant amassé des richesses plus considérables que celles de Phidias et de dix autres des plus habiles sculpteurs, il a joui pendant sa vie de la plus grande réputation; et il est mort, si je ne me trompe, ajoute-t-il, âgé de plus de soixante-dix ans, sans que, ni pendant sa vie, ni depuis sa mort, cette réputation ait jamais souffert la moindre atteinte. Il n'est pas même le seul qui ait eu ce bonheur: il y a eu des sophistes avant lui; et il a laissé des disciples qui professent avec gloire et avec profit cet art d'enseigner la vertu aux jeunes gens. Dites-moi, Anytus, prétendez-vous qu'ils soient des fourbes qui corrompent à dessein l'esprit et le coeur de la jeunesse? les croyez-vous seulement dans l'illusion, et traitez-vous d'insensés ceux qui le regardent comme les plus habiles des hommes?" "Oui, sans doute, Socrate, répond Anytus, ces admirateurs des sophistes sont dans l'illusion: mais une plus grande folie encore, c'est celle des parens qui leur confient la conduite de leur enfans; c'est celle des jeunes gens qui achètent d'eux ces pernicieuses instructions; c'est celle des villes qui les reçoivent et qui les souffrent dans leur sein, au lieu de les bannir comme des pestes publiques".

"En vérité", dit Socrate, "il faut que quelqu'un de ces sophistes vous ait offensé; sans cela vous en parleriez plus tranquillement". "Moi, répond Anytus, par Jupiter! je n'ai jamais eu aucun commerce avec eux, et je ne permettrai jamais à aucun des miens d'en avoir".

Dans la suite de la conversation, Anytus, persuadé que l'éducation domestique donnée aux enfans par leurs parens peut leur enseigner la vertu, est contredit par Socrate, qui lui allègue l'exemple des plus grand hommes d'Athènes, ceux de Thémistocle, d'Aristide, de Périclès, de Thucydide[32], et qui lui fait voir que ni les instructions domestiques de ces hommes célèbres, ni / leurs p. 221
exemples, ni tous les soins de leurs amis, n'ont pu donner à leurs enfans un mérite et une capacité qu'ils n'avoient point reçus de la nature, parce que ces choses ne peuvent être le fruit des instructions. Anytus, pressé par ces exemples auxquels il ne peut répondre, s'emporte contre Socrate. "Vous parlez, lui dit-il, des plus grands hommes de la république avec une liberté criminelle. Prenez-y garde, Socrate, et corrigez-vous, si vous le pouvez; vous êtes dans une ville où cette conduite peut avoir des suites dangereuses". Et là-dessus il le quitte brusquement. "Il me semble, dit Socrate à Menon, que voilà Anytus qui s'en va bien outré. J'en sais la raison; c'est qu'il se croit lui-même un de ces grands hommes dont il prend le parti avec tant de chaleur".

Xénophon nous donne la clef de ces dernières paroles de Socrate, en nous apprenant qu'Anytus avoit envoyé pendant quelque temps son fils prendre le leçons de ce philosophe[33*]; mais que ne trouvant pas qu'il fit des progrès assez rapides, il l'en retira pour se charger lui-même de son éducation, dans laquelle il réussit fort mal. Il paroît aussi, par cet endroit de Xénophon, que cet Anytus faisoit un commerce de cuirs considérable; et les écrivains postérieurs[34*] entrent là-dessus dans des détails dont l'examen est indifférent à l'objet que je me propose. Il me suffit d'observer, 1° que ce dialogue semble composé pour nous donner l'histoire de la brouillerie de Socrate et d'Anytus, comme l'avoient pensé les écrivains copiés par Diogène Laërce; 2° qu'il est clair que, selon Platon, Anytus avoit une aversion marquée pour les sophistes, et

32 Ce Thucydide n'est pas l'historien, mais le démagogue émule de Périclès.

33* *Apol. Socr.* p. 707 [Xenoph., *Ap.* 30]; adde. Liban. *apolog. Socrat.* [24 ss.], etc.

34* Libanius, *Apolog. Socr.* [26]; Epist. Socraticae, etc.; Stanlei, *Histor. philos.*, pars III, cap. 12. [ed. 1743[4], Chap. X, p. 84 s.]

qu'il les méprisoit trop pour recevoir les impressions qu'ils auroient voulu lui donner.

Le commencement de la conversation de Socrate avec Anytus, et les éloges qu'il fait de sa famille, et de l'estime dans laquelle il est parmi les Athéniens, montrent que ces deux hommes étoient encore en bonne intelligence. La même conversation, qui finit par des menaces de la part d'Anytus, fait une allusion manifeste à la dispute qui rendit Anytus ennemi de Socrate, et qui le porta à se mettre à la tête de ceux qui vouloient le perdre; ainsi l'époque du dialogue nous donnera celle de cette brouillerie, au moins suivant Platon. Les partisans de l'opinion que j'examine ici, ne peuvent récuser l'autorité de ce philosophe, sans détruire eux-
p. 222 mêmes les fondemens de leur système; car c'est sur la manière / dont Socrate parle des sophistes dans les dialogues de Platon, qu'ils ont imaginé la haine de ces hommes contre lui.

L'époque du dialogue nous est donnée par ce que Socrate y dit de la mort de Protagore: il en parle comme d'une événement depuis lequel il s'étoit écoulé quelque temps; ce qui montre que la conversation est postérieure de quatorze ans au moins à la comédie des *Nuées* d'Aristophane, et détruit absolument le système d'Elien et celui de Diogène Laërce, puisque long-temps après cette comédie Anytus étoit encore en bonne intelligence avec Socrate[35].

Le dialogue de Platon nous montre donc qu'Anytus, neuf ou dix ans au plus avant la mort de Socrate, arrivée au printemps de l'an 399, loin d'être engagé dans le parti des sophistes contre ce philosophe, étoit leur ennemi déclaré, et vivoit encore en bonne intelligence avec lui. A-t-on quelque preuve que, depuis ce temps-là, il se soit réconcilié avec les sophistes, et que ce soit de concert avec eux qu'il se soit porté pour accusateur de Socrate conjointement avec Mélitus; car il étoit uni avec lui dans le cours du procès? Si l'on a de semblables preuves, on auroit dû les communiquer. En les attendant, il paroit constant, 1. qu'Anytus et Mélitus n'ont eu aucune part au déchaînement d'Aristophane contre Socrate; 2. que ni l'un ni l'autre n'ont agi contre Socrate par les impressions que leur donnoient les sophistes: et c'est là ce qui formoit mes deux premières propositions.

J'ai avancé encore que l'on ne trouve, dans ce qui nous reste des anciens écrivains du temps, aucune preuve que les sophistes

35 Voyez l'addition à ce Mémoire, sur l'âge de Protagore.

aient eu plus de part à la mort de Socrate que n'en avoient tous les autres ennemis que lui avoient faits dans Athènes ses railleries et ses discours méprisans; que ces sophistes ne sont pas nommés, qu'ils ne sont pas même désignés en particulier dans les apologies de Xénophon et de Platon, non plus que dans les autres écrits d'un temps voisin de la mort de Socrate, et où il est parlé des causes de cet événement: c'est là ma troisième proposition.

Dans une discussion comme celle-ci, ce seroit à ceux dont je combats l'opinion à en produire les preuves: jusqu'à présent, ils se sont contentés de supposer que les sophistes étoient à la tête des accusateurs de Socrate; je pourrois m'en tenir à une simple / dénégation, et me dispenser d'entrer dans un plus grands détail. p. 223
Le témoignage d'Elien, qu'ils allèguent pour unique preuve, étant convaincu de faux dans toutes les autres circonstances, ne peut avoir par lui-même aucun crédit dans celle-ci; et il faut en montrer la vérité par d'autres témoignages que le sien.

Cependant, comme mon objet est d'éclaircir ce point de l'histoire de Socrate, et non de soutenir ou le combattre un sentiment particulier, je vais rendre compte des raisons qui m'ont porté à rejeter l'opinion commune.

Je donnerai d'abord un précis de l'apologie de Socrate par Platon, parce que les longs discours qu'il y fait tenir à ce philosophe, non-seulement contre son caractère, mais encore contre la vérité de ce qui se passa en cette occasion, me fourniront une preuve positive que, loin d'imputer son accusation aux sophistes, il en parloit avec plus de ménagement qu'il ne faisoit des autres professions exercées dans Athènes. On doit toujours se souvenir que j'examine ici une opinion soutenue par les admirateurs de Platon, et qu'il ne peut donc leur être permis de récuser son témoignage.

Platon suppose dans l'*Apologie*[36*], que Socrate, entreprenant de se justifer par une harangue composée dans les formes judiciaires, remonte jusqu'à l'origine des calomnies publiées depuis longtemps contre lui, et auxquelles ses juges avoient été accoutumés des leur première jeunesse. Socrate commence par rapporter les mauvaises plaisanteries répandues dans la comédie des *Nuees* d'Aristophane; il leur donne même, comme je l'ai déjà observé, la forme d'une accusation judiciaire accompagnée du serment

36* Plat., *Apolog. Socrat.* p. 14. [18 bc]

réciproque; ce que signifie l'expression qu'il emploie[37].

Les accusations contenues dans la comédie des *Nuées* se réduisent à deux chefs généraux, à une recherche criminelle et irréligieuse des secrets de la nature, et à la pratique d'une éloquence pernicieuse qui enseigne l'art de faire triompher la mauvaise cause *quemadmodum causa inferior dicendo fieri superior posset*, suivant la traduction littérale qu'en donne Cicéron[38*] dans son *Brutus*, où il assure que c'étoit-là ce que les sophistes du temps de Socrate se vantoient de montrer: en sorte que ce trait d'Aristophane, qui /
p. 224 portoit du moins autant sur les sophistes que sur Socrate, est une preuve que ce n'étoit pas de concert avec eux qu'il déchiroit ce philosophe. Socrate assure ensuite les Athéniens que ses ennemis sont en très-grand nombre, très-puissants et très-habiles[39]: je ne vois point qu'il en parle en nul endroit avec mépris, ni qu'il les traite d'*hommes vains et frivoles*[40], comme on l'a dit. Quoiqu'il y ait déjà long-temps, continue-t-il, que ces ennemis le déchirent, et que les Athéniens qui vivent alors soient accoutumés depuis leur enfance à entendre ces calomnies, il ne lui est cependant pas permis de les démasquer. Il doit ignorer leur nom, si ce n'est celui d'un faiseur de comédies qui se trouve parmi eux. Quelques lignes plus bas, il nomme Aristophane. Il est obligé de combattre à l'aveugle, et de parer des coups que lui portent des ennemis qui ne se montrent point. Passant ensuite aux deux chefs d'accusation, il déclare sur le premier, qu'il est bien éloigné de blâmer ceux qui s'attachent à cette études des choses naturelles qu'on lui reproche; qu'il admire même la sublimité de leurs connoissances; mais qu'il est obligé d'avouer avec sincérité qu'il n'a pas la moindre teinture de ces sciences, et qu'il peut même affirmer que jamais on ne l'a entendu traiter ces questions relevées. Sur le second chef d'accusa-

37 *ἀντωμοσία* Vid. Harpocr. in *h.v.* [...].

38* Cicero, *Brut.* cap. 8. [Plat., *Ap.* 18 b; Aristoph., *Nub.* vv. 112-113]

39 Socrate nomme ses ennemis (p. 18, *φιλότιμοι ὄντες καὶ σφοδροὶ καὶ Πολλοί* [Plat., *Ap.* 23 d-e] des hommes superbes, irrités, en grand nombre et ligués depuis long-temps contre lui; mais c'est après avoir dit que ces hommes sont les politiques ou ceux qui se mêlent des gouvernemens, les orateurs publics, les poëte, les gens d'art, *mechanici.*

40 On a prétendu que ces termes d'*hommes vains et frivoles* désignoient les sophistes: mais, pour conclure de là que c'est des sophistes que Socrate veut parler en cet endroit, il faut supposer encore qu'ils ne peuvent désigner qu'eux, et que parmi tous les Athéniens ils étoient les seuls qui méritassent ces titres.

tion, il commence par se vanter de n'avoir jamais reçu d'argent pour enseigner quelque chose[41*]; il ajoute que cependant il ne prétend point condamner ceux qui, comme Gorgias, Prodicus et Hippias (c'étoient les plus célèbres d'entre ces sophistes)[42], ont su se faire; de l'art d'instruire les jeunes citoyens, un moyen d'acquérir de la considération et des richesses. Il nomme ensuite un 'Evenus', qui exerçoit alors le métier de sophiste avec grand succès, et prenoit cinq mines ou cinq cents drachmes[43] de chacun
de ses élèves: / il se contente de dire de lui que, s'il possède un art p. 225
semblable celui qu'il professe, il le juge extrêmement heureux, et ajoute que pour lui il tiendroit à grand honneur d'avoir de semblables connoissances.

J'avouerai sans peine que Platon, qui étoit l'ennemi des sophistes, s'est servi ici de cette ironie si familière à Socrate: mais si les sophistes eussent été les auteurs de la condamnation de ce philosophe, est-il croyable que Platon, qui écrivoit après l'événement et à l'abri des murs de son cabinet, se fût contenté d'une ironie si douce qu'il n'y a que la seule malignité de celui qui l'emploie qui puisse la faire soupçonner d'être une ironie? Dans la suite du même discours, il fait parler Socrate sans aucun ménagement pour ses autres ennemis, et pour ceux-mêmes qui avoient part au gouvernement de la république, ou des hommes d'état, *des politiques*. Il fait venir ensuite Socrate à la véritable cause qui lui a attiré tant d'ennemis. Un oracle[44*] l'ayant déclaré *le plus sage* ou *le plus habile* de tous les hommes[45], il entreprit d'examiner la capacité de

41* Plat., *ib.* p. 16 [*Apol.* 19d].

42 Il ne nomme point Protagore, sans doute à cause de sa condamnation.

43 C'étoit la douzième partie d'un talent, le poids d'argent d'un peu plus de neuf de nos marcs, environ 466 livres; mais par la comparaison de cette somme avec le prix commun qu'avoient alors les denrées, elle avoit une valeur d'environ 1000 frans.

44* Plato, *Apol. Socr.*[21a].

45 Remarquez que Platon rapporte d'une manière peu exacte l'oracle dont parle Socrate. Chaerephon, à qui il avoit été rendu, n'avoit point prétendu consulter l'oracle de Delphes sur le mérite de Socrate, mais seulement sur la préférence entre Euripide et Sophocle; et le dieu lui avoit répondu *que ces deux poëtes étoient fort habiles, mais que Socrate étoit le plus habile des hommes.*

σοφὸς Σοφοκλῆς, σοφώτερος δ'Εὐριπίδης
ἀνδρῶν δὲ πάντων Σωκράτης σοφώτατος

[*Schol.* Aristoph. *ad Nubes*, v. 145].

ceux qui avoient alors le plus de réputation dans Athènes, afin d'apprendre, par la comparaison de leurs connoissances avec les siennes, sur quoi pouvoit être fondé l'éloge que l'oracle lui avoit donné.

Dans ce dessein, il commença par s'attacher à l'examen de ceux qui se mêloient des affaires publiques, *des politiques*, et surtout à l'examen de l'un d'entre eux qui passoit, dit-il, pour le plus habile, et duquel il avertit qu'il supprime à dessein le nom. Il reconnut bientôt que ce *politique* n'avoit pour tout mérite que la réputation d'homme habile et la persuasion de l'être[46]. Socrate dit qu'il entreprit de le détromper de l'opinion qu'il avoit de lui-même; mais que par-là il ne fit qu'irriter son orgueil sans éclairer
p. 226 son esprit, et / qu'il s'attira même la haine de tous ceux qui avoient été les témoins de ses conversations.

Des *politiques*, Socrate passa ensuite aux poëtes[47*]; mais il trouva (c'est toujours lui qui parle dans Platon) que les plus habiles d'entre eux agissant moins par connoissance que par instinct, ils n'avoient aucune notion exacte des choses qu'ils traitoient, et ne sentoient pas même les beautés de leurs ouvrages, et que le plus souvent, semblables aux devins, ils ne comprenoient rien aux plus belles choses qu'ils disoient. Des poëtes, Socrate vient enfin aux ouvriers ou artisans (*χειροτέχναι*)[48*]. Il trouve qu'ils étoient dans le cas des poëtes: comme eux, ils s'imaginoient que leur habileté dans un art dont ils pratiquoient les règles sans les connoître, leur donnoit un mérite universel, et les mettoit en état de décider de tout, des choses même les plus éloignées de leur profession.

Socrate conclut de là, comme il le dit à ses juges, que ces gens-là ne différoient de lui qu'en ce qu'ils croyoient savoir ce qu'ils ne savoient pas; et que cette supériorité de sagesse sur les autres hommes, qui lui étoit attributée par l'oracle, ne consistoit que dans la connoissance et dans l'aveu de son ignorance.

"C'est cet examen, continue Socrate, qui m'a donné dans Athènes la réputation d'homme sage ou habile (*σοφός*). On a cru que j'étois profond dans les choses sur lesquelles je montrois

46 Il est bien probable que c'est Anytus que Socrate désigne ici; du moins ce discours ne s'accorde guère avec l'entretien qu'il est supposé avoir eu avec lui dans le *Ménon*. [90b-94e]

47* *Apolog. Socrat.* p. 17 [22a ss.].

48* *Ibid.* p. 18 [22c-d ss.].

l'ignorance de ces faux savans: mais, par-là même, je les ai irrités contre moi; ils sont devenus mes ennemis, et leur haine est la source de tous ces discours par lesquells vous êtes accoutumés à m'entendre décrier depuis si long-temps. Ils se sont enfin réunis, et ils ont choisi trois d'entre eux. Mélitus, Anytus et Lycon, pour se déclarer mes accusateurs. Mélitus a été aigri contre moi par ce que j'ai dit des poëtes; Anytus s'est rendu le protecteur des politiques et des artisans, et Lycon s'est chargé de soutenir les intérêts des orateurs".

Parmi ces quatre espèces d'ennemis de Socrate, il n'y en a aucune qui puisse désigner les sophistes; car on donnoit alors ce nom aux philosphes qui enseignoient pour de l'argent, et qui entreprenoient des éducations à tant la pièce, s'il m'est permis d'user de cette expression; on le donnoit encore à ceux qui prononçoient en particulier des déclamations étudiées sur des sujets imaginaires, et / devant des auditeurs choisis qui payoient le plus souvent pour p. 227
les entendre. *Sophistae appellabantur*, dit Cicéron, *ii qui ostentationis aut quaestûs gratiâ philosophabantur.* Les orateurs dont Lycon, surnommé le démagogue, soutenoit les intérêts, étoient ceux qui haranguoient dans les assemblées publiques ou devant les tribunaux[49]; et jamais on ne les a confondus avec ces sophistes qui, se prétendant en état de former les jeunes gens aux affaires et à l'éloquence par leurs préceptes et par leurs exemples, n'osoient cependant se risquer au grand jour, et tenoient leur éloquence renfermée dans l'ombre de leurs écoles.

Dans l'opinion des deux professions dont Anytus se fait le défenseur, les politiques et les artisans, il y a une petite malice que Xénophon nous met en état de dcouvrir. Cet Anytus, homme riche par le commerce des cuirs, avoit exercé lui-même autrefois le métier de corroyeur[50*], et il avoit des esclaves qui le continuoient pour son compte: il n'y avoit rien là de honteux, sur-tout à Athènes, où la plupart des citoyens étoient occupés au commerce

49 Les démagogues étoient des orateurs attachés aux intérêts du peuple, et qui, par l'opinion qu'on avoit de cet attachement, se rendoient les maîtres des délibérations. L'histoire nous apprend que Périclès ne put jamais surmonter les obstacles que le démagogue Thucydide mettoit à ses projets. Thucyd. *Histor. passim*; voyez aussi Aristot., *Politic.*, lib IV, cap. 4.

50* Xénoph., *Apolog. Socrat.* [28g]; adde: Liban, *Apol. Socrat.*; *Epistolas Socraticas* etc.; Stanlei, *Histor. philos.*; *Vit. Socr.* [p. 84].

ou aux manufactures[51]. Solon lui-même, quoique d'une des premières familles, étoit marchand d'huile[52*]. Le territoire d'Athènes, peu étendu et d'une assez médiocre fertilité en général, n'étant pas capable de nourrir ses nombreux habitans, ils ne pouvoient se soutenir que par le commerce. Anytus avoit la foiblesse de rougir du sien; il faisoit l'homme important et le politique, et prenoit même, ce semble, le tire d'orateur. C'est sans doute par cette raison que Socrate le charge en même temps de la défense des politiques et de celle des artisans mécaniques.

A l'égard de Mélitus, on peut soupçonner, avec assez de fondement, sur ce que dit Platon qu'il a été engagé dans cette accusation par l'envie de venger les poëtes, dont Socrate méprisoit les talens; on peut, dis-je, soupçonner qu'il n'est pas différent du Mélitus poëte tragique, dont Aristophane s'étoit moqué, quatre ou /
p. 228 cinq ans auparavant, dans sa comédie des *Grenouilles*[53]. En ce cas, ce seroit-là une nouvelle raison contre les liaisons prétendues de Mélitus avec Aristophane.

One ne peut pas dire que c'est par ménagement pour les sophistes, que Platon ne les désigne pas même parmi les ennemis de Socrate; car, quoiqu'il soit vrai que Platon lui-même ait été une espèce de sophiste, et qu'il philosophât comme eux *ostentationis causa*, ses dialogues nous montrent combien il avoit peu de disposition à les épargner dans une occasion où ils auroient été coupables de la mort de son maître Socrate.

Pourquoi Xénophon, d'un caractère et d'une profession toute différente de Platon, homme de guerre et même homme d'état, qui écrivoit hors d'Athènes dans un pays où les sophistes n'avoient aucun crédit (à Lacédémone), n'a-t-il pas dit un mot de la part qu'ils ont eu, dit-on, à la condamnation de Socrate? Pourquoi Isocrate, dans un discours composé contre les sophistes[54*], et dans lequel il ne leur fait assurément aucun quartier, ne parleroit-

51 Car nous voyons dans les comédies d'Aristophane, que le fameux Cléon, qui gouverna la république après la mort de Périclès, exerçoit le métier de corroyeur.

52* Plutarq., *Vit. Solon.*

53 *Ranae*, vers 1447 [v. 1302]. Cette comédie fut jouée la troisième année de la XCIIIe olympiade, à la fin de l'automne de l'an 406 avant J.C. Sam. Petit, *Miscell.* lib. I, cap. 14. Cette année 406 est l'anée qui précéda la tyrannie des trente.

54* Isocrat., *cont. Sophistas.*

il point de leur haine et de leurs cabales contre Socrate, si cette haine et ces cabales avoient causé la mort de ce philosophe?[55] C'est ici le cas où les preuves négatives sont les seules que l'on puisse employer, et par conséquent celui où elles ont toute la force des preuves positives.

Au reste, il ne paroît pas qu'il y ait eu entre Socrate et les sophistes une aussi grande opposition que le suppose Platon dans ses dialogues, et qu'on se l'est imaginé sur la manière dont il le fait parler. Gorgias, l'un des plus célèbre d'entre les sophistes, étoit dans les mêmes principes que Socrate sur l'éducation: il croyoit qu'elle pouvoit, à la vérité, perfectionner les talens naturels, et que les préceptes étoient capables de former les jeunes gens nés avec des dispositions à l'éloquence; mais il se moquoit, comme Socrate, de ceux qui admettoient un art de suppléer au défaut des talens et de la capacité naturelle: c'est Platon qui nous l'apprend[56*]. /

Socrate lui-même avoit pris des leçons de Prodicus; il en convient dans l'*Axiochus*[57]; et nous voyons, dans les *Memoires* de Xénophon[58*], que, non content d'en parler avec éloge, il emprunte de lui l'allégorie de l'éducation, qu'il rapporte comme l'ayant retenue de mémoire d'après l'ouvrage de Prodicus[59*], et sans en rien retrancher, à ce qu'il dit, que quelques ornemens et quelques figures d'éloquence. Cette allégorie contient encore plus de treize pages: quelquefois il abrège le récit de Prodicus; mais d'autres fois il copie ses paroles, et marque même en quelques endroits que c'est Prodicus qui parle. p. 229

55 Isocrate avoit tant d'attachement pour lui, que le lendemain de sa mort il se montra en public, vêtu de deuil, tandis que ses autres amis et ses disciples avoient pris la fuite. Plut., *Vit. Isocrat.* [ps.-Plut., *X orat.* v. *Isocrat*].

56* Plat., *Men.* p. 424 [70a-71d].

57 Si l'*Axiochus* n'est pas de Platon, il est du philosophe Eschine, disciple de Socrate, plus âgé que Platon, et mieux instruit que lui de l'histoire de Socrate. (Vid. Suid.; Harpocrat. in voc. 'Αξίοχος Diog. Laërt. lib. II, cap. 7). Sur quoi il faut observer que, comme Ménédème d'Erétrie reprochoit à Eschine de s'être attribué dans ces dialogues ce qu'il avoit tiré des papiers mêmes de Socrate, que Xanthippe lui avoit remis (vid. Diog. Laërt., *Vit. Aesch.* [II VII, 60] et Menag., *Observat.* p. 104), son témoignage, dans ce qu'il fait dire à Socrate, en deviendroit encore plus fort.

58* Xenoph., *Memorabil.* p. 737. litter. D [II I, 21 11].

59* *Ibid.* p. 740, litter. E [II I, 34].

Nous voyons qu'Aristophane[60*] joint, dans ses *Nuées*, Prodicus et Socrate comme deux hommes du même caractère et de la même profession, qu'il associoit au même ridicule. Aristophane ménageoit encore moins Prodicus que Socrate; il le nommoit dans plusieurs de ses pièces. Dans celle des *Oiseaux*, représentée dix ans après celle des *Nuées*[61*], on lit que le témoignage rendu par ces oiseaux à l'existence des dieux, et à la part qu'ils ont eue à la formation de l'univers, forcera Prodicus de verser des larmes de rage[62*]. Dans les *Tagénistes*, comédie d'Aristophane que nous n'avons plus, Prodicus étoit nommé le corrupteur des esprits[63*]. Aristophane servoit bien mal ses amis, s'il étoit, comme on le dit, celui des sophistes.

Les Athéniens eux-mêmes regardoient Socrate comme un sophiste, et ne le distinguoient point d'avec ceux de cette profession. Ce fut, dit Xénophon[64*], pour mortifier Socrate, que, parmi les lois des trente, Critias en inséra une que défendoit d'enseigner l'éloquence aux jeunes gens[65]. Cet usage de traiter Socrate de sophiste subsista même encore long-temps dans Athènes après la mort de ce philosophe. L'orateur Eschine, dans un plaidoyer prononcé cinquante ans environ après cet événement, dit aux
p. 230 Athéniens qu'ils / ont fait mourir le *sophiste* Socrate [66] J'aurai occasion, dans la suite de parler encore de ce passage d'Eschine.

Cette prétendue animosité des sophistes contre Socrate n'est fondée que sur les traits répandus contre eux dans les dialogues de Platon; mais il est peut-être fort douteux que ce ne soit pas là un de ces discours que l'antiquité a si souvent reproché à Platon d'avoir attribués faussement à Socrate. En ce cas, ces discours seroient moins une preuve de la manière dont Socrate parloit des sophistes, que du chagrin personnel que Platon avoit conçu contre les plus célèbres d'entre eux. C'est du moins l'opinion de Denys d'Halicarnasse[66*]: opinion qui doit être de quelque poids, soit

60* Aristoph., *Nub.* v. 360 [v. 361].

61* Olymp. 91 anno 2 [414 a.c.].

62* Aristophan., *Aves.* v. 693.

63* Schol. Arist., *Nub.* v. 360 [v. 361].

64* Xenoph., *Memorab.* p. 717 [I II, 37-38].

65 Dans le système de ceux dont j'examine l'opinion, cette loi, conforme aux principes de Socrate, auroit dû lui être agréable.

[66] [Aeschin., *in Tim.* 173].

66* Dionys. Halic., *Epist. ad Pomp.* Op. v. II, p. 126.

que l'on considère le caractère de cette critique judicieuse dont ses ouvrages sont remplis, soit que l'on fasse attention à l'étendue de l'histoire littéraire, dans un temps où tous les monumens de cette histoire subsistoient encore.

Platon étoit né glorieux, comme l'observe Denys, et sa vanité étoit blessée des éloges que l'on donnoit à quelques-uns de ces sophistes; car il prétendoit aussi beaucoup à la gloire de l'éloquence. Mais, si l'on en peut juger par son apologie de Socrate et par quelques essais de harangues qu'il a fait entrer dans ses dialogues, il est fort probable, comme l'insinue le même critique, qu'au cas qu'il eût voulu se hasarder à monter sur la tribune, il auroit éprouvé combien cette carrière étoit différente de celle du dialogue qu'il avoit choisie, et dans laquelle, sans être obligé de rien prouver, sans que rien l'empêchât de s'arrêter ou de changer de route si l'envie lui en prenoit, il n'avoit point à craindre le péril d'être contredit ni même celui d'être interrompu.

L'opinion qui attribue la condamnation de Socrate à la haine des sophistes, suppose encore que ces sophistes formoient dans la ville d'Athènes un corps ou du moins un parti nombreux et accrédité; et c'est en effet ce que l'on a insinué, mais sans en donner aucune preuve. Les preuves seroient pourtant nécessaires en cette occasion; car, 1. ces sophistes devoient être en petit nombre, sans quoi leurs leçons n'eussent pas été si chères ni leurs gains si considérables; 2. l'exemple d'Anytus, dans le dialogue de Platon[67*], nous montre qu'ils n'avoient pas séduit tous les esprits; 3. le *Théagès*[68*] / du même auteur[69] fait voir que ces sophistes décrio- p. 231
ient les politiques ou ceux qui se mêloient du gouvernement, et

67* [*Men.* 91c].

68* Plat., *Theag.* p. 93 [128a].

69 Ce dialogue est supposé postérieur au *Menon*, puisque *Théagès* répète à Socrate le discours qu'il a tenu avec Anytus lorsqu'il a soutenu que les enfans des plus habiles gens n'avoient, par leur éducation et par les exemples de leurs pères, aucun avantage sur ceux des moindres citoyens. Socrate parle, dans ce dialogue, de la mort de Timarque, comme d'un évènement arrivé depuis quelque temps: or ce Timarque avoit commandé l'armée des Athéniens envoyée contre ceux de Mégare, la quatrième année de la XCIIe olympiade, en 409. Diod. XIII p. 365. Il y est parlé aussi du départ de Thrasyle pour l'expédition d'Ionie, comme d'une chose toute récente; or ce départ est du commencement de l'été de l'an 409. Socrate avoit eu un pressentiment du malheur qui devoit arriver à Thrasyle; mais il ne savoit pas en quoi consisteroit ce malheur: donc Platon suppose que l'on ignoroit encore à Athènes la

qu'ils leur enlevoient les jeunes gens attachés à eux, qui les suivoient en qualité d'élèves, et qui servoient à augmenter leur crédit par les liaisons qu'il leur donnoit avec leurs parens. Ce dialogue, dont l'époque est postérieure à celle du *Menon*, qui y est indiqué, est, au plus tard de l'été de l'année 409 avant l'ère Chrétienne. Une telle conduite, qui devoit rendre les sophistes odieux aux politiques et aux démagogues, à ceux qu'on regardoit comme les maîtres des délibérations du peuple, ne leur donnoit pas un grand crédit dans ces mêmes délibérations, 4. Enfin, il est certain que, dans le fait, le crédit de ce prétendu parti des sophistes étoit bien peu considérable, puisqu'ils n'avoient pu empêcher la condamnation de plusieurs des plus célèbres d'entre eux. Suidas[70*] dit que Prodicus fut condamné par les Athéniens à boire la ciguë, mais, comme il est le seul qui parle de ce fait, qui ne seroit pas demeuré inconnu à tous ceux des anciens qui ont parlé de Prodicus, je ne m'y arrêterai pas. L'exemple de Protagore, le plus fameux de tous, surnommé, à cause de son habilité dans l'art de la parole et du raisonnement, *Logos*, le discours, la raison, me tiendra lieu de tous ceux que j'omets. Ce Protagore fut banni et son livre brûlé publiquement dans Athènes, par l'ordre du tribunal des quatre-cents, neuf ans avant la condamnation de Socrate, et dans le temps même auquel ils auroient dû trouver le plus de faveur; car c'étoit
p. 232 par les conseils et sur le plan du sophiste Antiphon, que / Pisandre étoit venu à bout de changer la forme du gouvernement: c'est Thucydide qui nous l'apprend[71*]. La peinture qu'il nous fait de cet Antiphon, auquel il donne de grands éloges, et ce que Plutarque en rapporte dans ses *Vies des rhéteurs*, ainsi que les onze harangues qui subsistent encore sous le nom d'Antiphon[72*], ne nous laissent aucun lieu de douter qu'il ne fût un véritable sophiste. C'étoit un homme qui se contentoit de former les autres à l'éloquence et aux affaires par ses instructions, et de les diriger par ses conseils, sans avoir jamais harangué en public et sans avoir jamais rien proposé en son nom. Si les sophistes n'étoient pas alors en état de

défaite de Thrasyle, arrivée au milieu de l'été. (Voyez Xenoph., *Hist. Grec.* lib. I, et Dodwell, *Annal. Xenophont.* p. 228). Voila une preuve qui démontre que le dialogue du *Menon* doit être rapporté à l'année 410, comme je l'ai fait.

70* Suid. *in h.v.*

71* *Lib.* VIII, cap. 67.

72* Vid. Fabric., *Biblioth. Graec.* lib. II, cap. 26, sect. I.

sauver Protagore, comment se trouvent-ils, neuf ans après, assez puissans pour perdre Socrate, si ce philosophe n'avoit eu d'autre crime réel que celui de les avoir offensés? Par quelle révolution étoient-ils devenus les maîtres de tourner les esprits du peuple d'Athènes comme ils vouloient? Voilà quelles sont les raisons qui m'empêchent de souscrire à l'opinion commune touchant les causes de la condamnation de Socrate, et qui ne me permettent pas de l'attribuer à la haine qu'avoient conçue les sophistes contre ce philosophe.

1. Il est très-douteux que cette haine prétendue ait quelque vérité. 2. Quand même le fait seroit prouvé, le crédit de ces sophistes décriés dans Athènes et odieux à ceux qui avoient part au gouvernement, n'étoit pas assez considérable pour pouvoir causer la mort de Socrate, puisque, neuf ans auparavant, lorsqu'ils devoient être dans la plus grande considération, ils n'avoient pu sauver Protagore, comme je viens de le dire. 3. Anytus, qu'on suppose avoir agi à leur instigation, étoit leur ennemi avant d'être celui de Socrate, et l'on ne voit point qu'il se soit réconcilié avec eux. Enfin, on doit juger de l'autorité que peut avoir en cette occasion le témoignage d'Elien, sur lequel on se fonde, par la fausseté démontrée de son récit sur les autres circonstances de ce même fait; par exemple, lorsqu'il attribue un grand succès à la comédie des *Nuées*, qui fut sifflée deux fois de suite, [?] et lorsqu'il dit qu'Aristophane avoit reçu, pour la composer, une grosse somme d'argent de Mélitus et d'Anytus: le premier devoit être alors un enfant, et fut probablement le même que le poëte tragique si maltraité par Aristophane; et le dernier étoit encore ami de Socrate quatorze ans / au moins après la première représentation p. 233
de la comédie des *Nuées*; enfin, lorsqu'il attribue la condamnation de Socrate à l'impression qu'avoit faite sur les Athéniens une pièce de théâtre représentée vingt-quatre ans auparavant; car, dans le récit d'Elien dont il s'agit ici d'examiner l'autorité, ces deux choses sont rapportées comme peu éloignées l'une de l'autre.

IIe PARTIE

Des progrès de la Democratie à Athènes, et quelles ont été les véritable causes de la condamnation de Socrate

Après avoir vu le peu de vraisemblance, et même le peu de vérité de l'opinion qui attribue cette condamnation à la haine et aux intrigues des sophistes, on me demandera sans doute quelle cause je prétends substituer à celle que je rejette.

Je pourrois, à la rigueur, me dispenser de répondre à une telle question: car l'impossibilité d'assigner la vraie cause d'un événement ne sera jamais une raison de nous faire recevoir pour vraie une cause imaginée sans aucun fondement; la vraie science, selon ce même Socrate, auquel les partisans de l'opinion que je rejette donnent tant d'éloges, consistant moins à découvrir ce qui nous est inconnu, qu'à supporter l'ignorance de ce que l'on ignore.

Je vais cependant examiner s'il est absolument impossible de démêler les motifs et les véritables causes de la condamnation de Socrate par les Athéniens, et si cet événement est aussi incompréhensible que le dit Xénophon, le disciple et l'admirateur de Socrate. Si quelque chose peut nous conduire à deviner quels ont dû être les motifs qui ont porté les Athéniens à condamner un homme aussi vertueux que l'étoit Socrate, ce sera, sans doute, la connoissance de la situation dans laquelle étoient alors les affaires de la république, et de la disposition particulière des esprits: ainsi je crois ne pouvoir me dispenser d'entrer là-dessus dans quelque détail.

Peut-être trouvera-t-on que je reprends les choses d'un peu haut, et que j'entre dans des discussions qui paroissent d'abord étrangères à la condamnation de Socrate; mais j'espère que le rapport qu'elles ont avec les véritables causes de la mort de ce
p. 234 philosophe, / se découvrira, lorsque l'on verra qu'il fut uniquement la victime de ses railleries sur la forme du gouvernement démocratique, établi de son temps.

La ville d'Athènes étoit, comme on le sait, une ancienne colonie Egyptienne que Cécrops avoit amenée dans l'Attique. Cette colonie conserva la forme du gouvernement monarchique établi en Egypte; et ce gouvernement étoit d'ailleurs le plus convenable pour maintenir le nouvel établissement contre les entreprises des sauvages de l'Attique, qui devoient regarder d'abord ces nouveaux habitans comme leurs ennemis. Cette méfiance réciproque ne subsista cependant pas long-temps; les naturels du pays sentirent les avantages qu'ils pourroient retirer du commerce de ces étrangers, qui leur apportoient, avec la connoissance des arts, les moyens de se procurer des commodités dont ils avoient été privés jusqu'alors. Les deux peuples s'allièrent, et s'unirent même de telle sorte qu'ils ne formèrent bientôt plus qu'une seule nation. Ce fut alors que les habitans d'Athènes quittèrent la ville dans laquelle ils avoient été renfermés jusque-là, pour se répandre dans les campagnes; ils s'y établirent; et les naturels du pays, abandonnant la vie errante qu'ils avoient menée jusqu'alors pour se bâtir des demeures fixes, l'Attique se trouva remplie d'un grand nombre de bourgades, qui pouvoient passe à cette époque pour de petites villes.

Chaucune de ces bourgades avoit ses autels et ses sacrifices, ses assemblées religieuses et politiques, et même une espèce de conseil qui la gouvernoit. Plusieurs d'entre elles avoient leurs chefs particuliers; et parmi ces chefs, il y en avoit auxquels les auteurs anciens donnent le titre de rois. Ces bourgades formoient comme autant de petits états séparés, qui relevoient, à la vérité, de la capitale; mais elles ne recevoient les ordres du roi de cette ville, que dans les occasions importantes qui pouvoient intéresser le corps entier de la nation. Les successeurs de Cécrops étoient moins les rois de l'Attique que ceux de la ville d'Athènes, dont la puissance et l'étendue étoient alors fort médiocres: c'est Thucydide[73*] qui nous apprend tout ce détail.

Les choses restèrent en cet état jusqu'au règne de Thésée: ce prince qui avoit de grandes vue, sentit combien une semblable division des forces de la nation les diminuoit; il entreprit de les réunir, / et de rassembler dans une seule ville tous ceux qui, par la p. 235
situation de leur fortune, n'étoient pas obligés d'habiter sur leurs terres et de cultiver eux-mêmes leurs héritage. Pour les y engager, il abolit les tribunaux et les conseils particuliers qui gouvernoient chaque bourgade[74]: il établit un seul tribunal et un seul conseil général dans la ville d'Athènes; il y fit entrer ceux qui avoient composé les conseils particuliers de chaque bourgade considérable;

73* Thucyd. lib. II, cap. 15.

74 Strabon, lib. IX, compte douze bourgades desquelles les autres relevoient, et il en donne les noms.

et ils se prêtèrent volontiers à un changement qui leur étoit avantageux. Ce fut en mémoire de cette réunion que l'on institua une fête qui se célébroit tous les ans[75*], sous le nom de *Synoecia*, ou de *réunion dans une même habitation*[77]. Thésée ordonna encore que la fête nommée *Athenaea*[77*] établie en l'honneur de Minerve, prendroit le titre de *Panathenaea*, ou de fête commune de tous les Athéniens[78], et que chaque bourgade de l'Attique enverroit ses victimes à Athènes, et assisteroit aux sacrifices par ses députés.

Ces nouveaux citoyens d'Athènes ne furent pas plutôt réunis, qu'ils connurent leurs forces; et comme l'indépendance dans laquelle ils avoient vécu auparavant, leur faisoit supporter impatiemment le joug de l'autorité royale, ce fut contre Thésée lui-même qu'ils se réunirent d'abord. Ils le déposèrent, le condamnèrent à l'exil, et mirent à sa place un autre roi, dont le crédit leur étoit moins redoutable. Ce fut, sans, doute, cet exemple qui fit comprendre dans la suite aux enfans de Pisistrate, que le moyen le plus propre de conserver le pouvoir souverain qu'ils avoient usurpé, étoit d'affoiblir les Athéniens en les dispersant dans l'Attique, et en les obligeant de quitter le séjour de la ville pour aller vivre sur leurs héritages.

La forme du gouvernement monarchique subsista pourtant encore pendant quelque temps après l'exil de Thésée; et comme c'étoit moins la forme de ce gouvernement qui étoit odieuse aux Athéniens, que le trop grand pouvoir de ceux qui portoient le
p. 236 titre / de rois, ils se contentèrent de diminuer ce pouvoir par degrès. Ils lui donnèrent enfin le dernier coup lorsque, ôtant à leurs princes le nom de rois pour leur donner le nom d'*Archontes*, ils réduisirent leur dignité à une magistrature perpétuelle à la vérité, mais subordonnée aux ordres du conseil, et obligèrent même l'archonte de rendre compte de son administration. Peu après, la durée de l'archontat fut réduite à dix ans; mais cette

75* Thucyd. lib. II, cap. 15.

76 Plutarque (in *Thes.*) la nomme Μετοικία, déménagement. Cette fête tomboit à la pleine lune du mois *hecatomboeon* et dans notre mois de juillet.

77* Plut. (in *Thes.*); Pausan., *Arcad.*

78 Il y avoit deux fêtes *Panathenées*: la grande, qui se célébroit tous les cinq ans le 25 *hecatomboeon*; la petite, qui étoit annuelle et tomboit au 20 *thargelion* au printemps. Proclus, in *Timeum Plat. commentar.* I; Ulpian., *Schol.* in Demosth., *Timocratem*, p. 821.

durée paroissant encore trop longue aux Athéniens, et le pouvoir de cette magistrature, tout borné qu'il étoit, leur étant toujours redoutable tant qu'il seroit entre les mains d'un seul homme, ils établirent, sous le même titre, neuf magistrats, qui partageoient entre eux les fonctions de l'ancien archonte. Un d'entre eux fut appelé *éponyme*, et donnoit son nom à l'année; mais il n'avoit que cet avantage sur ses collègues, dont le nom se mettoit dans les actes et dans les décrets auxquels ils avoient présidé.

La forme intérieure du gouvernement d'Athènes, dans ces premiers temps, nous est peu connue; peut-être même n'étoit-elle pas bien déterminée. Il semble pourtant que les charges, ainsi que les places dans les tribunaux et dans le conseil, n'étoient remplies que par les riches. Pour donner à ce terme l'acception la plus étendue qu'il ait jamais eue dans l'antiquité, il faut entendre par-là ceux qui n'exerçoient aucun art mécanique, ceux qui faisoient cultiver leurs terres par des fermiers, ou du moins ceux qui ne cultivoient que leurs propres terres. Quoiqu'il y ait peu d'apparence que ces derniers aient jamais pu abandonner la culture de leurs héritages pour vaquer aux fonctions des magistratures, peut-être pouvoient-ils être appelés aux assemblées générales. Ceux qui faisoient le commerce en gros, et ceux qui, exerçant les arts même mécaniques, pouvoient être considérés moins comme des artisans que comme les directeurs d'une manufacture, faisoient aussi partie de cette classe des riches. On nommoit ceux qui la composoient, possesseurs de cinq cents *médimnes*, ou mesures; car, dans ces temps, on ne connoissoit que les richesses réelles; le commerce se faisoit par échange, et la monnoie n'avoit guère qu'une valeur de caprice.

Le gouvernement d'Athènes étoit ainsi une véritable aristocratie, dans laquelle l'autorité résidoit toute entière entre les mains des riches. / Cependant, le nombre des artisans et celui des pauvres p. 237
laboureurs s'étant considérablement augmentés, il étoit à craindre, qu'ils ne se réunissent contre les riches, et que, sous le prétexte des les protéger contre la dureté et contre les vexations de ces riches, des citoyens ambitieux ne s'emparassent de toute l'autorité. La république étoit déjà partagée en trois factions; et cette division pouvoit encore faciliter l'exécution d'un semblable projet, comme il arriva enfin sous Pisistrate et sous ses enfans.

Ce fut pour prévenir de semblables malheurs, que Solon entreprit de régler la forme du gouvernement d'Athènes. Il balança tellement l'autorité du peuple et celle des riches, en leur ôtant également les moyens de se nuire et ne leur laissant que ceux de s'aider mutuellement, que l'opposition qui étoit entre ces deux ordres ne pouvoit et ne devoit servir qu'à maintenir la liberté et la tranquillité publiques. Plutarque nous a conservé des vers de Solon, dans lesquels il se vante de n'avoir point eu d'autre objet dans ses réglemens.

L'irritation des esprits étoit trop forte au temps de Solon, pour être calmée par des lois qui étoient, comme il le dit lui-même, non les meilleures que l'on pût donner aux Athéniens, mais les meilleures qu'ils pussent supporter. A peine Solon leur avoit-il fait recevoir celles qu'il croyoit propres à maintenir l'égalité, qu'il vit Pisistrate s'emparer d'une autorité despotique et la transmettre à ses enfans.

Aristote nous apprend que Solon est celui qui avoit posé les premiers fondemens de la démocratie dans Athènes[79*], en admettant les pauvres citoyens dans les tribunaux judiciaires, auxquels on pouvoit appeler des décisions des magistrats ordinaires, et en faisant entrer ces mêmes citoyens dans l'assemblée générale où les magistrats étoient élus, et où ils rendoient leurs comptes à la fin de leur administration.

Solon rangea tous les citoyens sous quatre classes: la première, de ceux qui avoient de revenu cinq cents mesures[80] et au-dessus, soit de grain, soit d'huile, soit de vin; la seconde classe comprenoit ceux qui recueilloient trois cents mesures et au-dessus; la troisième, ceux qui recueilloient deux cents mesures. Tous ceux dont les /
p. 238 revenus étoient moindres, de même que ceux qui ne vivoient que d'un travail journalier ou mécanique, composoient la quatrième classe, qui étoit proprement ce qu'on nommoit *le peuple*. Ils étoient exclus des charges; mais ils avoient entrée aux tribunaux judiciaires et aux assemblées générales.

Solon ordonna aussi que l'on entreroit dans ces tribunaux, non par le choix et par l'élection, comme on le pratiquoit alors pour les magistratures, mais par la seule voie du sort; sans doute pour empêcher les riches d'exclure par leurs brigues ceux de la quatrième classe. Tous les citoyens étoient admis à donner leur nom pour entrer dans ces tribunaux judiciaires: on examinoit seulement

79* *Politic.* lib. II, cap. 12; Plut. in *Solon.*

80 C'est à dire, *médimnes*, contenant quatre boisseaux deux onzièmes, mesure de Paris; j'en parlerai plus bas.

s'ils avoient les conditions prescrites; on rejetoit ceux qui étoient jugés ou indignes par leur conduite ou incapables par leur âge; après quoi, c'étoit le pur hasard qui déterminoit le choix d'entre les autres. Comme cette espèce de loterie se tiroit avec des fèves noires et blanches, on nommoit cela *être choisi par la féve.*

Ceux de la quatrième classe, qui formoient la plus nombreuse partie des assemblées générales, en étoient aussi la moins éclairée; et il étoit à craindre qu'ils n'autorisassent, par leur suffrage, des lois et des réglemens dont ils étoient incapables de prévoir les inconvéniens. Il n'auroit pas été possible de leur découvrir ces inconvéniens dans une assemblée tumultuese. Pour remédier, Solon, avoit ordonné que l'on ne pourroit rien proposer dans l'assemblée générale, avant que la chose eût été examinée dans le conseil des quatre-cents. Ce conceil étoit annuel, et composé de quatre cents hommes, cent de chacune des quatre tribus, sous lesquelles étoient rangées toutes les familles de l'Attique par rapport à leur origine. Il y a bien de l'apparence que ceux de la quatrième classe n'entroient point dans ce conseil, dont un quart demeuroit toujours assemblé dans le lieu nommé *Prytanée*; ce qui faisoit donner à ceux qui le composoient le nom de *prytanes*[81]. Le mot du Scythe Anacharsis à Solon, sur la forme du gouvernement Athénien, dans lequel ce sont, dit-il, les gens habiles qui délibèrent et les ignorans qui décident, suppose / que ce conseil des quatre-cents, où se faisoient p. 239
les délibérations et où l'on ne pouvoit rien statuer, étoit autrement composé que l'assemblée générale et que les tribunaux judiciaires, et que ceux qui le composoient, étoient des citoyens choisis par la voie de l'élection. Solon lui-même[82*], en comparant le peuple d'Athènes à un navire battu par les flots, et les deux conseils de l'Aréopage et du Prytanée à deux ancres qui le mettoient en état de résister à l'agitation de ces flots, met une différence essentielle

81 Il est inutile de s'arrêter ici aux différentes divisions du conseil des prytanes et à l'ordre des séances de ces divisions, parce que l'ordre établi par Solon fut changé, lorsqu'après l'expulsion des Pisistratides, Clisthène, le restaurateur de la liberté, changea la division en quatre tribus, pour en introduire une nouvelle en dix tribus, et composa le conseil du Prytanée de cinq cents hommes pris cinquante dans chaque tribu, lesquels demeuroient assemblés pendant trente-cinq ou trente-six jours. Un plus grand détail est indifférent à l'objet que je me propose d'examiner, ou aux progrès de la démocratie ou de la puissance du peuple.

82* Plut. in *Solon.*

entre ces deux conseils et l'assemblée générale. Je n'entre là-dessus dans aucun détail: il me suffit de rappeler ces choses, qui doivent être connues de tous ceux qui sont un peu instruits. On sait que l'Aréopage, ayant repris un nouveau lustre sous Solon, étoit chargé de veiller à l'observation des lois, et qu'il exerçoit une espèce de police générale à laquelle les magistrats eux mêmes étoient soumis. Il n'étoit composé que des anciens magistrats, qui, après être sortis de charge avoient été jugés dignes de cet honneur, d'après un examen particulier et très-rigoureux.

Le sage tempérament établi par Solon pour ménager le pouvoir et les intérêts des deux partis, fut gardé assez long-temps par les Athéniens; et lorsque Clisthène rétablit la liberté après l'expulsion des Pisistratides, quoiqu'il crût nécesaire d'introduire quelques changemens dans la division des citoyens en tribus, et qu'il augmentât le nombre des prytanes jusqu'à cinq cents, cependant il laissa subsister les réglemens de Solon dans toute leur vigueur.

Après la défaite des Perses à Salamine et à Platée, le peuple d'Athènes, enivré de la gloire dont il s'étoit couvert dans ces deux batailles, crut que les services rendus en cette occasion par les soldats et par les matelots qu'avoit fournis la quatrième classe, devoient faire abolir la distinction qui avoit existé jusqu'alors entre elle et les trois autres. Il prétendit que les magistratures devoient être remplies par les plus pauvres des citoyens comme par les plus riches.

Quelque attaché que fût Aristide au parti des riches et de l'aristocratie[83*], il jugea qu'il valoit mieux accorder au peuple ce
p. 240 qu'il / demandoit, que d'exposer la république aux suites d'une révolte et d'une sédition dans laquelle il ne seroit peut-être plus possible de modérer les prétentions d'une populace furieuse. Ce fut alors que le gouvernement devint tout-à-fait démocratique. Le peuple étant admis à toutes les charges et à tous les emplois, on cessa de les remplir pas la voie de l'élection et du choix, et on y parvint par la voie du sort et du hasard, de même qu'aux places dans les tribunaux judiciaires.

Il y avoit cependant deux choses qui servoient à maintenir le crédit des riches: l'une, que les emplois et les magistratures n'ayant point de gages, il y avoit très-peu de citoyens de la quatrième classe qui se trouvassent en état de soutenir les dépenses, ou, du

83* Plut. in *Aristid.*

moins, l'abandon des occupations domestiques, auxquelles ces magistratures obligeoient ceux qui en étoient revêtus; l'autre, que l'aurorité du tribunal de l'Aréopage étoit toujours extrêmement grande dans la république, et qu'il étoit presque impossible à ceux du peuple d'y être reçus au sortir des charges. Le plus petit reproche, par exemple, celui d'avoir été vu assis et mangeant dans un cabaret, suffisoit, s'il étoit prouvé, pour leur donner l'exclusion.

Ce fut Périclès qui ôta au parti des riches deux moyens qui lui restoient encore, de modérer un peu la puissance du peuple. Il anéantit presque entièrement l'autorité de l'Aréopage: nous ignorons par quels moyens; mais le témoignage d'Aristote[84*] ne nous permet pas de douter du fait. Ce tribunal ne conserva plus que le souvenir de son ancien crédit, et le nom d'aréopagite n'étoit plus qu'un titre vain et presque sans aucune fonction: aussi est-il difficile de trouver une seule occasion, dans toute la durée de la guerre du Péloponnèse, dont l'histoire nous est connue avec quelque détail, où l'on voie l'Aréopage avoir la moindre part aux événemens généraux et la plus légère influence dans les délibérations publiques.

Périclès ayant fait assigner, sur le trésor public, des appointemens aux magistrats[85*], à ceux du conseil et à ceux qui remplissoient les tribunaux, alors les plus pauvres citoyens se trouvèrent en état de prétendre à ces emplois. Il y a aussi beaucoup d'apparence que ce fut Périclès qui établit la distribution de trois oboles[86] en faveur des citoyens âgés de soixante ans qui se trouvoient à l'assemblée générale/. Le scholiaste d'Aristophane[87*] p. 241
attribue l'établissement de cette distribution à Cléon, dont il est fait si souvent mention dans les comédies d'Aristophane; et sur la seule autorité de ce scholiaste, qui ne cite aucun garant, les écrivains modernes on adopté cette opinion. Je crois cependant que c'est à Périclès, plutôt qu'à Cléon, que le peuple d'Athènes devoit cette distribution.

Xénophon et Aristote regardent ces sortes de distributions comme le plus sûr moyen de maintenir la démocratie et le gouvernement populaire, parce que, mettant les pauvres citoyens etn état

84* Polit. lib. II, cap. 12.
85* *Ibid.*
86 $9^s\ 3^d$ de poids d'argent.
87* *Schol.* Aristoph., *Plut.* v. 330.

d'abandonner le travail journalier qui les nourrit, ils peuvent se trouver en assez grand nombre dans les assemblées pour s'y rendre les maîtres de la décision et pour l'emporter sur le parti des riches. Le poëte Aristophane fait monter ces distributions réglées à 150 talens, ou 900,000 drachmes par an[88*]; ce qui fait, pour chacun des six mille citoyens qu'il dit y avoir part, 150 drachmes[89].

Périclès en établit un autre de deux oboles pour chaque citoyen les jours de spectacles et de fêtes publiques[90*]. Aristophane fait monter à vingt mille le nombre des citoyens d'Athènes: si tous recevoient cette distribution, comme il y a beaucoup d'apparence, car les riches n'osoient la refuser, de crainte d'offenser les pauvres citoyens qui en avoient besoin, cela montoit pour chaque jour de fête publique à près de 7 talens[91], et devoit faire, au bout de l'année, une somme assez considérable.

Les commencemens de la guerre du Péleponnèse furent d'abord extrêmement agréables au peuple Athénien, parce que les dépenses générales ne servirent d'abord qu'à enrichir les particuliers; et, en moins de six ans, au moyen de la solde excessive[92] donnée aux soldats et aux matelots, et de la construction et de l'armement d'un grand nombre de galères que la république mettoit en mer chaque année, on dépensa plus de 10,000 talens, tirés soit du trésor publique où ils étoient en réserve, soit des contributions annuelles que payoient les alliés d'Athènes. Or 6,000 talens du
p. 242 trésor, 4,000 talens / de la contribution des alliés, en six ans, et, 3,7000 talens dépensés en bâtimens publics, font 13,700 talens ou plus de 77 millions 918 mille de nos livres. La plus grande partie de cette somme resta entre les mains des particuliers, et augmenta la masse d'argent qui étoit dans le commerce; et c'est sans doute parce que l'argent étoit devenu beaucoup plus commun à Athènes, que le prix du blé avoit si considérablement haussé depuis le temps de Solon. Le médimne, qui étoit fixé à une drachme ou à 18 sous 7 deniers au temps de ce législateur, valoit 3 drachmes

88* Aristoph., *Vespae*, v. 655, l'an 423 avant J.C.

89 159^{l} 16^{s} de notre monnoie actuelle, à 51 le marc.

90* Ulpiani *schol.* in Demosth. I.; *Olynth.* p. 13.

91 6 talens 2/3 ou 40,000 oboles, 34,924^{l} 10^{s}.

92 Cette solde fut d'abord d'une et de deux drachmes par jour (de 18 s. 7 d. et de 37 s.); dans la suite on la réduisit à 3 oboles (à 9 s. 3 d.), ou même à 2 oboles (à 6 s. 2 d.): mais, par rapport au prix des denrées, la valeur de cette solde étoit au moins double de celle qu'elle auroit maintenant.

ou 2 livres 15 sous 11 deniers au temps du poëte Aristophane[93]: le prix avoit donc triplé en moins de cent cinquante ans. Il augmenta encore davantage par la suite; mais ce détail m'éloigneroit trop de mon objet principal.

Les suites de la guerre du Péloponnèse et de la funeste expédition de Sicile sont connues: j'ai parlé, dans la première partie de ces observations, de la révolution arrivée la vingt-unième année de la guerre du Péloponnèse. Cette révolution ôta au peuple l'administration des affaires pour la confier aux quatre-cents, comme je l'ait dit, et ensuite, après la destitution des quatre-cents, au conseil des cinq-mille; car les amis d'Alcibiade, qui avoient favorisé ce changement, espérant faciliter par-là son rappel de l'exil auquel il avoit été condamné pour l'affaire des statues de Mercure, ayant connu qu'il étoit encore plus redoutable aux quatre-cents qu'il n'étoit odieux aux partisans de la démocratie, se réunirent avec eux pour faire abolir ce conseil: il avoit subsisté pendant quatre mois.

La condamnation d'Alcibiade fut révoquée, et il fut même choisi pour être un des généraux de la flotte Athénienne. La pleine démocratie ne fut cependant pas sitôt rétablie; le pouvoir étoit entre les mains du conseil des cinq-mille, d'où l'on tiroit les juges et les membres du Prytanée. Les distributions et les gages, soit des juges, soit de ceux du conseil, ne furent point rétablis: cela est prouvé par le discours qu'Alcibiade tient dans Thucydide[94*] aux députés des / Athéniens qui lui portèrent en Asie la nouvelle de p. 243
son rappel et de sa nomination au généralat.

Il paroît que l'ancienne forme du gouvernement démocratique ne fut entièrement rétablie qu'au retour d'Alcibiade à Athènes, en 407[95], trois ans et demi après la destitution des quatre-cents. On

93 *οισϑ' οὖν ἀπολωλεκυῖα πυρῶν ἑκτέα, Ecclesiaz.* v. 543 [v. 547]. L'*ecteus* ou le sixième du médimne valoit trois oboles: cette pièce est de l'an 393. Au temps de Démosthène, le médimne étoit fixé à 5 drachmes ou 4^{l} 13^{s}; au temps du Verrès, en Sicile il valoit 6^{l} 19^{s}, toujours en supposant le marc à 51^{l}. La cubature du médimne contenoit 4 boisseaux et 2/11 du boisseau de Paris.

94* Lib. VIII, cap. 73, etc.

95 Son retour est du 25 thargelion, jour de la célébration des Plynthéries, fête lugubre qui tomboit à la fin du printemps. L'éclipse totale de lune du 26 avril 406, marquée par Xénophon à l'année qui suivit le rétablissement d'Alcibiade, montre que son retour est de l'année 407 et de l'archontat d'Antigènes.

ne peut douter que les distributions et les gages n'eussent été rétablis en même temps; mais, comme la république étoit épuisée par la longeur de la guerre et par les pertes qu'elle avoit faites, cette distribution fut diminuée d'un tiers et réduite à 2 oboles: on en a la preuve dans les Grenouilles d'Aristophane, comédie représentée au plus tard en 405[96]. Je m'attache à faire observer les changemens arrivés à cette distribution, parce que c'est une chose à laquelle on a fait peu d'attention, quoique ce fût peut-être ce qui causoit ce grand attachement du peuple d'Athènes à la forme démocratique.

Le détail de ce qui se passa dans l'affaire de la condamnation des six généraux, que le victoire navale qu'ils venoient de remporter près des îles Arginuses[97] ne put empêcher d'être condamnés et exécutés, sous prétexte qu'ils avoient manqué de rendre les derniers devoirs aux Athéniens morts dans la bataille[98*], ce détail, dis-je, prouve qu'alors la pleine autorité étoit entre les mains du peuple, et qu'il regardoit même comme des ennemis de la démocratie, ceux qui vouloient l'obliger à suivre la forme prescrite par les lois dans les procès criminels.

Socrate, que le sort avoit mis alors au nombre des prytanes, fut un de ceux qui montrèrent le plus de fermeté, comme nous l'apprend Xénophon; et cette action, toute juste qu'elle étoit, devoit le rendre odieux aux partisans outrés de la démocratie[99] /

p. 244 Alcibiade ne fut pas long-temps à s'apercevoir de la faute qu'il avoit faite, de rétablir la pleine démocratie et d'abolir le conseil

96 Dans cette pièce, qui est peut-être de l'an 406, à l'occasion des deux oboles qu'exige Caron pour le passage du fleuve infernal, Bacchus dit: "*C'est donc la même chose par-tout, et l'on donne aussi deux oboles dans les enfers*". Sur quoi le scholiaste observe que le poëte fait allusion au salaire des juges.

97 Ce sont trois îles situées entre l'île de Lesbos et le continent de l'Asie mineure. Strab. lib. XIII, p. 617.

98* Xenoph., *Hellen.* lib. I, p. 449 [I, VI].

99 S'il étoit besoin d'une nouvelle preuve que la démocratie avoit été rétablie alors, ce fait particulier nous en fourniroit une sans réplique. Socrate n'étoit pas du nombre des citoyens riches: fils d'un statuaire médiocre, son patrimoine ne montoit, avant la banqueroute qui le ruina, qu'à 7000 drachmes, selon Démétrius de Phalère, cité par Plutarque (*Vie d'Aristide*) [I, 9 – fr. 14 FGH II, 366] qui font 6524 livres poids d'argent de notre monnoie actuelle. Depuis la banqueroute qu'on fit à Socrate, il ne lui restoit en tout, compris sa maison et ses meubles, que 5 mines ou 500 drachmes [466 livres] [Xenoph., *oecon.* 2, 3].

des cinq-mille, pour rendre toute l'autorité au peuple: car les troubles recommencèrent dans la ville; et, au premier malheur qui lui arriva, on le destitua du généralat comme ennemi du parti populaire; ce qui arriva avant la bataille des Arginuses et dès l'année 407.

Sur la fin de l'automne de l'année 406, la flotte Athénienne avoit été totalement défaite par Lysander auprès d'Aegos Pota mos[100]. Les Lacédémoniens employèrent l'année 405 à soumettre les alliés des Athéniens; et, sur la fin de l'automne, ils allèrent mettre le siège devant Athènes.

La république étoit dans la plus déplorable situation; elle n'avoit plus ni flotte ni armée au-dehors: tous ses alliés l'avoient abandonnée; et au-dedans elle étoit déchirée par les deux factions des riches et du peuple, qui, loin de se réunir pour chercher les moyens de remédier aux malheurs de l'Etat, ne pensoient qu'à s'imputer mutuellement les fautes qui avoient causé ces malheurs.

Lysander, qui connoissoit la situation des esprits, qui savoit que la ville étoit dépourvue de vivres, et qui ne craignoit point qu'elle fût secourue, puisqu'elle n'avoit ni alliés ni troupes, se contenta d'en former un blocus très-exact. Les Athéniens ayant fait plusieurs propositions qui ne furent point écoutées, furent enfin obligés par la famine de se remettre à la discrétion de Lysander. Il entra dans la ville, le 16 munichion ou du dixième mois de la quatrième année d l'olympiade 93, c'est-à-dire, au printemps de l'an 405 avant l'ère Chrétienne[101]*. Cette date est démontrée par celle de l'éclipse de soleil de l'année olympique qui commença l'été suivant. Cette éclipse, rapportée dans Xénophon, est du 13 septembre 404[102]*.

Lysander destitua tous les magistrats à son entrée dans Athènes
/ et comme il n'y eut point d'archontes, ou que du moins ils ne p. 245
furent pas nommés suivant la forme ancienne, on la regarda comme une année d'anarchie, ainsi que le dit Xénophon[103]*. On voit cependant, par un plaidoyer de Lysias, que cet archontat

100 Cette rivière de *la Chèvre* tombe dans la Propontide, au bord de l'entrée septentrionale du Bosphore de Thrace: elle est sur la côte d'Europe, dans une baie ou petit golfe opposé au cap d'Asie.

101* Plut., *Lysand.*

102* *Hellen.* lib. II [II, III 4].

103* *Ibid.* p. 461 [Xen., *Hell.* II, III 1].

étoit compté, et qu'on employoit le nom de cet archonte irrégulier pour dater cette année[104], en parlant devant les tribunaux.

Les Lacédémoniens abolissoient le gouvernement populaire partout où ils devenoient les maîtres; et ce fut par-là qu'ils commencèrent à Athènes. Ils nommèrent trente hommes en qui devoit résider toute l'autorité, et qui, après avoir établi les nouvelles lois qu'ils vouloient substituer aux anciennes, devoient choisir trois mille citoyens pour former le conseil public, et du nombre desquels devoient être tirés les magistrats et les juges.

Comme la mer faisoit la plus grande force des Athéniens, et que le port du Pirée, séparé de la ville par une distance de quarante stades ou d'environ quatre mille pas, lui étoit attaché par deux longues et fortes murailles, Lysander obligea les Athéniens d'abattre eux-mêmes dix stades de ces longues murailles qui assuroient la communication de la ville avec le port. Il saisit ou brûla tous leurs vaisseaux, à la réserve de douze qu'il leur laissa, sans qu'il leur fût permis d'en augmenter le nombre.

Les deux plus considérables des trente, nommés par Lysander, étoient Théramène et Critias, tous deux élèves ou amis de Socrate. Théramène, qui avoit rempli les premiers emplois et qui avoit eu plusieurs commandemens, étoit moins corrompu que Critias; mais la facilité de son caractère indécis, et la mollesse de son ame, ne servoient qu'à l'empêcher d'être tout-à-fait méchant sans le rendre tout-à-fait vertueux. Il ne se seroit pas porté de lui-même à la tyrannie et au crime; mais il n'avoit pas la force de résister aux mauvais conseils. Pour Critias, sa conduite, et tout ce que les anciens en ont dit, montrent que son coeur et son esprit étoient également corrompus; qu'il joignoit la débauche et l'athéisme de système avec l'ambition et la cruauté; que non-seulement les crimes utitles ne lui coûtoient rien à commetre, mais qu'il les
p. 246 employoit même / comme des moyens indifférens. Ce Critias étoit cousin germain de la mère de Platon, qui, par cette raison, l'a beaucoup ménagé et lui a donné des rôles très-honorables dans ses dialogues, quoique sa mémoire fût en exécration à Athènes, comme on le voit par la façon dont en parlent tous les orateurs.

Théramène et Critias ne se hâtèrent point de former le conseil

104 Lysias, *Orat. pro sacra Oliva*, p. 136; Xénophon, *Hellenic.* lib. II, c. III, et Athénée, *Deipnos.* I. XIV, c. 3, nomment cet archonte, Pythodore. (Vid. plurim. in Corsini, *Fast. Attic.* tom. III, p. 262 et 282).

des trois-mille; ils nommèrent seulement onze magistrats qui avoient sous leurs ordres l'administration de la ville, et dix qui avoient celle du Pirée. Ils craignoient l'établissement d'un conseil dont ils n'auroient pu être les maîtres; et on voit que Lysander, qui ne pensoit qu'à ruiner Athènes, cette ancienne et redoutable rivale de Sparte, protégeoit leur tyrannie.

Les trente commencèrent par bannir les sycophantes[105*]: c'étoient des hommes qui, sous prétexte de zèle pour la démocratie, exerçoient à découvert l'infame métier de délateurs publics, en dénonçant comme ennemis du gouvernement populaire ceux qui refusoient d'acheter leur silence. Mais lorsque les trente eurent obtenu de Lysander une garnison Lacédémonienne, ils s'attaquèrent aux plus considérables des citoyens et à ceux qu'ils crurent les plus opposés à la tyrannie.

Aeschine, dans le plaidoyer contre Ctésiphon[106*], fait monter à plus de quinze cents le nombre de ceux qui furent massacrés par les ordres des tyrans, sans garder aucune forme judiciaire, et qui furent même privés des honneurs funèbres. Théramène, trop foible pour être tout-à-fait méchant, eut horreur d'être le complice de la cruauté de Critias: peut-être commença-t-il à le redouter pour lui-même; c'est du moins ce que Lysias insinue dans son discours contre Eratosthène. Mais le repentir de Théramène lui devint funeste, et n'aboutit qu'à causer sa perte. Critias le fit condamner à mort par le conseil des trois-mille, qu'il avoit enfin été forcé de nommer pour donner quelque forme au gouvernement, mais qu'il n'avoit rempli que de ceux dont il pouvoit être le maître. Après la mort de Théramène, Critias ne garda plus de mesures.

Xénophon dit que Socrate fut le seul qui s'opposa à Critias dans le procès de Théramène[107*]; et il vante beaucoup le courage et l'attachement à la justice qu'il montra en cette occasion. Platon n'a pas dit un seul mot de cette action de Socrate[108], parce qu'il n'auroit pu / le faire sans rappeler un souvenir fâcheux pour la p. 247
mémoire de Critias, son parent, qui lui étoit plus chère que la gloire de ce maître auquel il se dit si attaché: il se contente de rapporter que Socrate ayant été chargé avec plusieurs autres

105* Xenoph. [*Hell.*] lib. II [III, 12]. Diod. lib. XIV.
106* Aesch. *in Ctésiph.* p. 466; Isocrat., *Areopagitic.* p. 363 [67].
107* Xenoph., *Memorabil.* lib. I [I I, 18-19].
[108] [Plat., *Apol.* 32b].

d'aller arrêter et mettre à mort un citoyen dans sa métairie, il quitta ses compagnons quand il fut hors de la ville, et s'en revint chez lui.

L'attachement de Socrate pour Théramène, qui, malgré les éloges que lui donne Diodore de Sicile, étoit au fond un de ceux qui avoient fait le plus de mal (c'est ainsi qu'en parle Lysias), ne dut pas réconcilier ce philosophe avec les partisans de la démocratie. Des quinze cents citoyens mis à mort sans aucune formalité de justice, Théramène, l'ennemi de cette démocratie, étoit le seul dont Socrate eût voulu prendre la défense.

Cependant les plus braves et les plus riches citoyens d'Athènes avoient de bonne heure quitté la ville pour se soustraire à la tyrannie des trente. Ils se réunirent, et, sous la conduite de Thrasybule, dont la capacité s'étoit fait connoître dans divers emplois considérables, ils s'emparèrent de Phylé, forteresse importante sur les frontières de la Béotie, qui les rendoit maîtres des passages pour entrer de ce pays dans l'Attique, et les mettoit en état de faire des courses jusqu'aux portes d'Athènes. Cet événement est du 12 boédromion[109*], ou du commencement de l'automne de l'an 404. Anytus, l'un des accusateurs de Socrate, partageoit le commandement avec Thrasybule: Lysias le nomme un des *stratéges* ou généraux de la république.

Critias, voyant les forces des bannis s'accroître de jour en jour, crut devoir tout tenter pour les chasser de ce poste: il marcha contre eux; mais le mauvais succès de cette expédition ne servit qu'à lui faire sentir combien il lui seroit difficule d'asservir des hommes qui préféroient la liberté à tout. La circonstance rapportée par Xénophon, qu'il tomba de la neige ce jour-là, nous montre que l'on étoit au commencement de l'hiver.

Critias, jugeant qu'il auroit peine à se maintenir dans Athènes, où il avoit tout à craindre de ceux qui l'entouroient, songeait à s'emparer d'Eleusis pour en faire une place de retraite en cas de besoin. Pendant qu'il exécutoit ce projet avec le secours de la garnison Lacédémonienne, les exilés sous la conduite de Thra-
p. 248 sybule, / s'emparèrent du Pirée. L'importance de ce poste, qui les mettoit en état de faire des courses jusque sous les murs d'Athènes, et d'empêcher qu'elle ne pût tirer ni vivres secours de la mer, détermina Critias à marcher contre Thrasybule avec toutes ses

109* Plut., *de gloria Atheniensium.*

forces; mais il fût tué dans une escarmouche. Son pouvoir avoit duré huit mois, suivant Xénophon; ce qui oblige de placer sa mort au plutôt au commencement de l'an 403.

Cet événement causa une révolution dans Athènes; mais la tyrannie ne fit que changer de forme: aux trente que l'on destitua et qui se retirèrent à Eleusis, on substitua dix autres citoyens qui gouvernoient avec la même autorité.

Cependant les progrès de Thrasybule commençoient à inquiéter les Lacédémoniens: ils craignirent que les citoyens d'Athènes ne se joignissent à lui; et, sous un tel chef, les deux partis réunis pouvoient encore devenir redoutables: en conséquence il ordonnèrent à Lysander, qu'ils nommèrent *Harmoste*, d'aller assiéger Thrasybule dans la forteresse du Pirée.

Les bannis étoient au plus au nombre de mille, et manquoient de tout ce qui étoit nécessaire pour soutenir un siège; ainsi ils ne pouvoient résister long-temps: mais la jalousie qu'avoient conçue les deux rois de Sparte du crédit de Lysander, sauva la république d'Athènes. Pausanias se fit envoyer avec une armée pour faire le siège par terre, et, après quelques légères escarmouches, il fit entendre aux exilés que le conseil de Sparte leur accorderoit la paix à des conditions raisonnables. Il fit insinuer aussi aux partisans cachés de la démocratie, qui étoient dans Athènes, que le conseil ne vouloit pas établir la tyrannie. Les deux éphores qui accompagnoient Pausanias, avoient été gagnés: ainsi, le conseil de Sparte ajoutant plus de foi à ce qu'ils écrivirent qu'à tout ce que pouvoir mander Lysander, écouta favorablement les députés du peuple d'Athènes, qui étoient Céphisophon et ce Mélitus duquel j'ai tant parlé dans la première partie de ce Mémoire. On envoya quinze Spartiates à Athènes, chargés de régler les conditions du nouveau traité. Les deux partis, après s'être réunis et avoir rétabli l'ancienne forme du gouvernement, promirent qu'il observeroient la paix jurée avec les Lacédémoniens. On accorda une amnistie générale à tous les citoyens, à l'exception des dix et de ce qui restoit des trente; / on permit aux premiers de se retirer à Eleusis, avec ceux p. 249
des citoyens qui voudroient les suivre.

Les Lacédémoniens ayant rappelé leurs troupes. Thrasybule rentra dans Athènes avec les exilés[110*], qui étoient au nombre d'un peu plus de mille; et après avoir exhorté les riches à la modé-

110* Xenoph., *ibid.* [*Hell.* II IV, 39].

ration, et leur remontré, par l'exemple qui venoit d'arriver, combien ils devoient peu compter sur la protection des Lacédémoniens, il les exhorta à rétablir les anciennes lois, à vivre en paix et à observer le serment qu'ils avoient fait de tout oublier de part et d'autre.

Les trente avoient établi des archontes[111*], parmi lesquels Pythodore donnoit, comme je l'ai dit, son nom à l'année; mais, comme son autorité n'étoit pas légitime, Thrasybule voulut nommer à sa place, pour ce qui restoit de cette année, l'orateur Lysias[112*] qui avoit rendu des services importans au parti de la liberté, ayant fourni aux exilés de l'argent et des armes. Les Athéniens agréèrent d'abord ce choix, et Lysias commença les fonctions d'archonte; mais l'ordonnance du peuple ayant été faite sans avoir été proposée auparavant dans le Prytanée, ou conseil des cinq-cents, Archinus, l'un des chefs des exilés, intenta une action contre Lysias comme contre un homme qui exerçoit une autorité illégale. Lysias fut obligé de se démettre, et ne fut depuis élevé à aucune charge, n'ayant pu effacer l'impression que cette aventure avoit faite sur l'esprit du peuple. Ce même Archinus fit passer un décret en l'honneur des exilés, par lequel on leur accordoit une couronne de l'olivier sacré et une somme de 1.000 drachmes pour sacrifier en commun. C'est ce que nous apprend Aeschine, dans sa harangue contre Ctésiphon[113*].

L'amnistie fut jurée avec la plus grande solennité, et revêtue de la religion des sermens les plus sacrés. Elle s'étendoit généralement à tout ce qui étoit antérieur à l'archontat d'Euclide, qui fut élu au commencement de l'année Athénienne suivante, c'est-à-dire au commencement de l'été de l'année 403. Aux anciennes lois de Dracon et de Solon, qui établissoient la démocratie, on en ajouta de nouvelles, et une entre autres que rapporte l'orateur Andocide, laquelle permettoit de tuer et de s'emparer des biens de ceux qui auroient donné atteinte à la démocratie, ou qui auroient seulement accepté quelque emploi contraire à cette même démocratie. Tous /
p. 250 les orateurs Grecs parlent beaucoup de cette amnistie jurée sous l'archontat d'Euclide, et des nouvelles lois qui furent établies alors.

L'inquiétude que devoient causer aux Athéniens de la ville ceux

111* Lysias, *orat.* VII.
112* Plut., *Vie de Lysias.*
113* Aesch., *in Ctésiph.* p. 458.

du parti des trente, retirés à Eleusis, ne dura pas long-temps; car la division s'étant mise entre ces derniers, ils poignardèrent leurs chefs et ils demandèrent à revenir dans la ville: on le leur accorda, et on les comprit dans l'amnistie.

Telle étoit alors la situation des affaires d'Athènes; le peuple avoit repris toute son ancienne autorité; et il en étoit d'autant plus jaloux, qu'il avoit reconnu combien le nombre des ennemis de la démocratie étoit grand, et quelles facilités ils avoient trouvées à la détruire. Il paroît que l'on avoit rétabli les distributions d'argent, non seulement pour les juges, mais encore pour ceux qui se trouvoient aux assemblées: mais il semble que cette distribution n'étoit plus que d'une seule obole par tête. La république n'étoit pas alors en état de soutenir de grandes dépenses; la marine d'Athènes étoit absolument détruite; ses alliés avoient pris parti avec les Lacédémoniens, et son commerce devoit être bien diminué. Cependant, comme la hauteur et la dureté du gouvernement de Sparte rendoient sa puissance odieuse aux autres villes Grecques, les affaires d'Athènes se rétablirent en peu de temps, et les distributions redevinrent de 3 oboles comme autrefois. Dans la comédie de l'Assemblée des femmes[114*], jouée la quatrième année de la XCVIe olympiade, dans l'automne de l'an 393, il est parlé de cette distribution de 3 oboles; mais on fait mention d'un temps voisin de celui où l'on est, dans lequel on ne donnait qu'une seule obole, et d'un autre plus éloigné dans lequel on ne faisoit aucune distribution, et dans lequel on servoit la république sans recevoir de gages[115]. Je m'arrête un peu sur ces distributions; mais ceux qui ont lu les écrivains de ce temps-là, savent combien elles touchoient les Athéniens. C'étoit-là peut-être ce qui attachoit le plus le peuple à la démocratie.

Le détail de ce qui se passa les années suivantes dans Athènes, /
nous est peu connu, soit parce que la république étant hors d'état p. 251
de prendre part aux affaires générales, elle se contentoit de songer

114* Aristoph., *Eccles.* vv. 292, 302, 303.

115 Les discours de Lysias, au sujet de la distribution d'une obole, prononcé après l'expulsion des Trente, nous montre qu'on lui faisoit un crime de ce qu'étant riche, il recevoit cette obole que l'on donnoit non seulement aux pauvres citoyens, mais encore aux archontes. Lysias avoit été extrêmement riche, et il avoit dépensé près de dix talens, seulement pour les spectacles et pour les fêtes publiques, de la dépense extraordinaire desquelles il avoit été chargé. Lys., *Apolog.* p. 161.

à réparer sans bruit les pertes qu'elle avoit faites, soit parce que Xénophon[116*], qui partit l'année suivante 402 pour aller servir sous le jeune Cyrus, ne put être témoin de ce qui se passoit dans Athènes, et que n'étant même jamais rentré depuis dans cette ville dont il fut banni à cause de ses liaisons avec les Lacédémoniens, il eut peu d'occasions de s'instruire du détail de l'histoire particulière d'Athènes. Aussi voyons-nous que, depuis l'expulsion des trente, son Histoire Grecque ne parle guère que de ce qui regarde les Lacédémoniens.

Le crédit de Lysander ayant souffert alors quelque diminution à Sparte, les partisans de la démocratie profitèrent si bien de cet intervalle, qu'ils vinrent en peu d'années à bout de relever le crédit et la puissance d'Athènes. Les sollicitations des trente avoient engagé les Lacédémoniens à faire assassiner Alcibiade, dont ils redoutoient le courage et l'habileté; mais il étoit resté un puissant défenseur à la liberté d'Athènes dans la personne de Conon. Ce général, après la perte de la bataille navale d'Aegos Potamos, n'avoit pas jugé à propos de s'aller remettre entre les mains d'une populace irritée, qui, sur un prétexte très-léger, venoit de condamner à la mort les six généraux ses collègues, malgré la victoire qu'ils avoient remportée: il crut devoir se réserver pour des temps plus heureux, et se retira dans l'île de Cypre, d'où il passa au service du roi de Perse. Le crédit qu'il acquit bientôt à sa cour, le mit en état de lui faire ouvrir les yeux sur la faute qu'il faisoit de laisser les Lacédémoniens devenir les maîtres de la Grèce, qui tourneroit ses armes contre lui dès qu'elle seroit réunie sous une seule autorité. La révolte du jeune Cyrus, qui fut soutenue par les Lacédémoniens, donna un nouveau poids aux représentations de Conon; et, après la mort de ce jeune prince, la protection déclarée du roi de Perse mit Conon en état de relever les affaires d'Athènes. La mort du jeune Cyrus est de l'an 401, et le retour des troupes Grecques qui l'avoient accompagné est de l'an 400, dans l'automne. Xénophon étoit avec elles; et les anciens marquent la même année pour celle de ce retour et pour celle de la mort de Socrate: mais c'est la même année Grecque qui comprend une partie de l'an 400 et de l'an 399, au printemps de laquelle arriva cette mort. /

p. 252 Après une guerre de quelques années entre les Lacédémoniens

116* Diog. Laërt., in *Vit. Xenoph.* [II VI, 50].

et le roi de Perse[117*], celui-ci avoit enfin compris que le moyen le plus sûr et le plus facile de se délivrer de ces redoutables ennemis, qui, sous la conduite d'Agésilas, remportoient des avantages continuels sur ses satrapes, étoit de leur donner tant d'affaires dans le sein même de la Grèce, qu'ils fussent obligés de rappeler ce prince avec ses troupes. L'argent que le roi de Perse sut répandre dans les villes Grecques, produisit cet effet: aussi Agésilas disoit-il qu'il avoit été chassé d'Asie par *trente mille dariques*. Dans l'été de l'année 394 se donna la bataille d'Haliarte, où le fameux Lysander fut tué, plus de cinq ans après la mort de Socrate. La flotte des Grecs sous la conduite de Conon, jointe à celle du roi de Perse, battit, cette même année, celle des Lacédémoniens auprès de Cnide. Les Athéniens se déclarèrent contre les Lacédémoniens en faveur des Thébains; et cette démarche éclaira ceux de Sparte sur la faute que l'on avoit faite, de permettre le rétablissement de la démocratie. Le roi Pausanias fut cité en justice, déposé et condamné, autant pour avoir favorisé ce rétablissement que pour n'avoir pas joint ses troupes à celles de Lysander. Mais, en punissant l'auteur de la faute, on n'y apportoit pas de remède, et l'on n'en prévenoit pas les suites. La bataille navale de Cnide précéda de quelques jours l'éclipse de soleil du 25 août 394: ainsi la date de ce combat est constante. Le rétablissement des longues murailles par Conon, postérieur, selon les anciens, de six ans à la mort de Socrate est de l'année suivante 393, au commencement de l'été; ce qui montre que la mort de Socrate est de l'an 399, comme je l'ai supposé d'après les anciens[118*].

Je ne pousserai pas plus loin cette histoire abrégée de la démocratie Athénienne, qui, malgré l'attention que j'ai eue d'en retrancher tous les détails et toutes les discussions, paroîtra peut-être encore trop étendue; mais j'ai cru qu'elle étoit absolument nécessaire pour monter quelle étoit la situation des affaires au temps de la mort de Socrate, postérieure de trois ans et demi au rétablissement de la liberté.

Les partisans zélés de l'administration populaire devoient craindre continuellement que les Lacédémoniens ne vinssent à ouvrir les yeux sur la faute qu'ils avoient faite. Athènes n'étoit pas encore en état de leur résister, et la moindre division, excitée entre

117* Xenoph., *Hellen.* lib. III; [III IV, 25] Diod. Sic. lib. XIV.
118* Vid. Phavorin, in Diog. Laërt. [*vit. Socrat.* II V, 39].

p. 253 les citoyens / au sujet de la forme du gouvernement, pouvoit fournir aux Lacédémoniens un prétexte de rétablir l'oligarchie. Cette division étoit d'autant plus à craindre, que la disposition intérieure des esprits au dedans de la ville n'étoit nullement favorable à la démocratie. Les écrits de Thucydide, ceux de Xénophon[119], ceux de Platon, ceux d'Isocrate[120*], en un mot tout ce qui nous reste de ce temps-là, nous montre que, quoique les plus éclairés et les plus sages fussent pour la liberté et pour un gouvernement dans lequel l'autorité fût partagée entre plusieurs, ils inclinoient tous cependant pour la forme aristocratique; la démocratie Athénienne leur semblant moins un état de liberté que celui d'une tyrannie exercée par une populace furieuse et insensée, que les délations des sycophantes et les discours des démagogues portoient aux actions les plus injustes.

La comédie de l'Assemblée des femmes, d'Aristophane, nous montre qu'il y avoit un parti qui soutenoit la nécessité d'abolir les distributions d'argent. Cette comédie est de l'an 393, postérieure de six ans à la mort de Socrate, et d'un temps où les affaires commençoient à prendre une situation plus avantageuse. L'Aréopagitique, discours composé par Isocrate, l'ami de Socrate, roule tout entier sur la nécessité d'abolir la démocratie établie par Périclès, pour rétablir celle de Solon, et de donner les emplois et l'entrée dans le conseil uniquement aux citoyens que leur fortune mettoit en état de se passer d'appointemens.

La manière de conférer les emplois et de remplir les tribunaux par le sort, suivie dans la démocratie de Périclès, étoit peut-être ce que l'on pouvoir imaginer de plus déraisonnable, puisque le sort tomboit plutôt sur les sujets vicieux en incapables, que sur ceux qui étoient propres à remplis ces emplois[121*], ceux-ci faisant toujours le plus petit nombre: mais, comme par-là tous les citoyens étoient égalés les uns aux autres, on regardoit cette forme de

119 L'ouvrage de Xénophon, sur la république d'Athènes, est au fond une satire continuelle dans laquelle, en découvrant les désordres et les injustices de ce gouvernement, on ne les excuse qu'en montrant qu'ils sont non seulement les suites nécessaires de la démocratie, mais encore les seuls moyens de la maintenir.

120* Thucyd., lib. VIII; Xenoph., *de Rep. Atheniens.*; Plato, *passim*; Isocrat., *Areopagitic.*

121* Herod. VI, 109; Thucyd. VIII, p. 546, 553; Xenoph. in *Memorabil.* lib. I, p. 712. Demosth. in *Timocr.* Vid. Ulpian, *Schol.* p. 823.

promotion comme essentielle à la démocratie; et c'étoit un crime que de railler ces magistrats *choisis par la féve*; car c'est l'expression dont on se servoit à Athènes. Les suffrages se donnant de même avec des féves / dans plusieurs occasions, on disoit aussi p. 254
gouverner par la féve[122] pour désigner le gouvernement démocratique.

Xénophon, dans ses *Mémoires* pour servir à l'histoire de Socrate, rapportant les diverses choses alléguées dans le plaidoyer des accusateurs de ce philosophe pour prouver la séduction des jeunes citoyens, qui lui étoit imputée, nous apprend qu'on l'accussoit, entre autres choses, d'avoir dit qu'il falloit être *insensé* pour confier le gouvernement de l'Etat à des magistrats tirés au sort, tandis que, pour les choses les moins importantes, on se garderoit bien d'employer des ouvriers pris de cette façon. Les accusateurs ajoutoient que, par-là, il accoutumoit les jeunes citoyens à mépriser la forme de gouvernement établie, et leur inspiroit la hardiesse de tout entreprendre pour le changer. Pour prouver que ce n'étoient pas là des craintes chimériques, on citoit l'exemple de Critias et d'Alcibiade, tous deux formés par les instructions de Socrate, et qui avoient tous deux plongé la république dans les plus grands malheurs.

Xénophon emploie beaucoup de paroles pour répondre à cette accusation: mais, après les avoir lues, on ne trouve pas qu'elle ait rien perdu de sa force; car Xénophon convient de tous les faits, des discours de Socrate contre les magistrats tirés au sort, des leçons qu'il avoit données à Critias et à Alcibiade, et de tous les maux que ces deux hommes avoient causés par leur ambition. La preuve de séduction devoit paroître complète aux yeux des partisans de la démocratie, qui regardoient cette élection par le sort comme le seul moyen de conserver l'égalité entre tous les citoyens. Socrate enseignoit, disoit-on, aux jeunes citoyens, des maximes dangereuses qu'il ne daignoit pas même désavouer; et l'on devoit juger, par la conduite de deux des jeunes gens qui avoient pris ses leçons, quelle impression de semblables maximes avoient faite sur leurs esprits.

Voilà, sans doute, quel étoit le grand crime de Socrate aux yeux des Athéniens; et voilà ce qui le fit condamner par ses juges.

122 De là viennent les termes *κυαμεύω, sortior*; *κυαμευτός, sortelectus*; *κυαμευτής, sortilegus*, en parlant des élections.

Ses plus dangereux ennemis n'étoient pas les sophistes, en supposant même qu'ils l'aient été; car ces gens, qui étoient en petit nombre, très décriés par la condamnation de Protagore leur chef, et odieux d'ailleurs à ceux que l'on nommoit les *politiques*, dont /
p. 255 ils débauchoient les élèves, devoient avoir alors bien peu de crédit: les partisans outrés de la démocratie étoient des ennemis beaucoup plus dangereux. Les preuves de fermeté que Socrate avoit données pendant la tyrannie des trente, son éloquence insinuante et l'autorité qu'il avoit acquise sur l'esprit des jeunes gens qui le suivoient en foule, le rendoient un homme très-redoutable, dans un temps où la république étoit encore divisée en deux partis qui ne pouvoient avoir oublié, en deux ou trois ans, tous les maux qu'ils s'étoient faits mutuellement. Si Xénophon s'étoit trouvé à Athènes au temps de cet événement, si, du moins, nous avions quelques unes des continuations de L'Histoire de Thucydide citées par les anciens, nous y apprendrions peutêtre qu'il s'étoit passé quelque chose dans Athènes, qui, redoublant les inquiétudes des partisans de la démocratie, leur avoit fait juger la perte de Socrate nécessaire.

Au défaut de ces historiens, nous devons nous en rapporter, sur la cause de la mort de Socrate, à ce que l'on en disoit dans Athènes même, environ cinquante ans après, non pas dans ces ouvrages qui, comme l'apologie composée par Platon, ne sortoient de l'ombre du cabinet que pour passer sous les yeux d'un petit nombre de lecteurs choisis, et dont on ne redoutoit pas alors beaucoup les contradictions, mais dans des plaidoyers prononcés publiquement devant les mêmes tribunaux où Socrate avoit été condamné. Nous voyons, dans la harangue d'Aeschine contre Timarque[123], que l'on n'imputoit point la mort de Socrate à une autre cause que celle que j'ai alléguée[124*]. Voici comments s'exprime cet orateur: "O Athéniens! dit-il aux juges, vous qui avez fait mourir le sophiste Socrate *à cause des leçons qu'il avoit données à Critias*[125], l'un

123 Le plaidoyer d'Aeschine contre Timarque est de la IIIe. année de l'olympiade 108e., ou de l'an 54, au plus, après la mort de Socrate. La date en est constante, puisque ce fut au retour de sa troisième ambassade vers Philippe, qu'Aeschine mit Timarque en justice, pour prévenir l'accusation que le même Timarque étoit près d'intenter contre lui au sujet de cette ambassade. Voy, la *Vie de Démosthène*, par P. Schott, à la tête des Harangues de cet orateur. *Proleg.* p. 43.

124* Aeschine, *adv. Timarch.* p. 287 [173].

125 Ἔπειθ᾽ὑμεῖς ὦ 'Αθηναῖοι Σωκρατην μὲν τὸν σοφιστὴν ἀπεκταίνατε,

de ces trente hommes qui détruisirent le gouvernement populaire, vous laisserez-vous toucher par l'intérêt particulier d'un orateur tel que Démosthène?" etc. /

Ce passage d'Aeschine[126] établit formellement les deux points que j'ai avancés; l'un, que Socrate ne passoit point pour être l'ennemi des sophistes en général, puisqu'on lui donnoit à lui-même le titre de sophiste; l'autre, que son crime, et ce qui avoit causé sa mort, étoit ses liaisons avec un homme qui avoit détruit le gouvernement populaire. Le discours de Socrate à Antiphon, et qui est rapporté par Xénophon[127*] nous montre que Socrate se piquoit sur-tout de former, par ses instructions, des sujets capables de prendre part au gouvernement; et il prétendoit rendre par-là de plus grands services à la république, que s'il eût été assidu à se trouver aux assemblées, et que s'il eût pris part aux délibérations publiques. Dans ce même discours, il ne met de différence entre lui et les autres sophistes, que celle de donner ses leçons gratuitement, et de n'y admettre que ceux qui sont en état de profiter de ses instructions. L'exemple de Critias et celui d'Alcibiade font pourtant voir qu'il n'étoit pas toujours heureux dans son choix. p. 256

ὅτι Κριτίαν ἐφάνη πεπαιδευκώς [Aeschin., *in Tim.* 173].

126 Aeschine, mort à l'age de 75 ans, l'année même dans laquelle Antipater détruisit le gouvernement populaire à Athènes, et dans laquelle mourut Démosthène (Anonym., *Vit Aeschin.*), c'est-à-dire, l'an 321 (olymp. CXIV, 3e.) étoit né en 396, trois ans après la mort de Socrate en 399. Mais Atromète, père d'Aeschine, qui avoit 94 and en 342, lorsqu'Aeschine composa son discours pour justifier sa conduite dans l'ambassade vers Philippe (*De falsâ legatione*, p. 407), avoit 36 ans au temps de la mort de Socrate. Il étoit un des citoyens qui avoient abandonné Athènes pour éviter la tyrannie de Critias, et qui rétablirent la démocratie avec Thrasybule. Aeschine répète, dans la plupart de ses harangues, que cet Atromète l'avoit entretenu, dès son enfance, de tous les détails de l'histoire de ces temps-là. Un événement aussi singulier que celui de la condamnation de Socrate, ne pouvoit lui avoir échappé: la circonstance des liaisons de Socrate avec Critias étoit de nature à être saisie par un homme que la tyrannie de ce même Critias avoit forcé d'abandonner Athènes; et il étoit naturel qu'il en eût souvent parlé à son fils. Quelques anciens supposoient que l'orateur Aeschine avoit été disciple de Platon: il est du moins certain qu'il avoit été l'écouter plusieurs fois; car Démétrius de Phalère, et Hermippus, qui avoient vu cet orateur, et qui nioient qu'il eût été le disciple de ce philosophe, convenoient cependant qu'il avoit assisté à plusieurs de ses leçons. Anonym., *Vit Aeschin.* et *prolegom.* in Demosth., *orat.* p. 40.

127* Xenoph., *Memorabil.* lib. I, p. 730, 731 [I 6, 2-3].

"Les sophistes, dit-il au même endroit, sont semblables à ces femmes qui s'abandonnent au premier venu, pour une somme d'argent; mais pour lui, c'est une femme qui n'accorde ses faveurs qu'à des amans que leur mérite et leurs soins en ont rendus dignes".

Socrate se donnant donc lui-même comme un homme qui formoit ses élèves pour le gouvernement, on croyoit devoir juger de /
p. 257 la doctrine du maître par la pratique des plus célèbres d'entre ses élèves, et on ne doutoit point que tout son système ne fût une suite de ses principes sur la façon de choisir les magistrats par le sort; en un mot, on le croyoit opposé à la démocratie. L'histoire d'Athènes nous montre combien le peuple étoit facile à s'alarmer sur cet article; elle est remplie d'exemples qui nous apprennent qu'il lui en a fallu souvent beaucoup moins pour condamner à l'exil et même à la mort, des gens parmi lesquels il s'en trouve d'une toute autre importance et (qu'il me soit permis de le dire sans offenser les admirateurs de Socrate) d'un tout autre mérite que ce philosophe: la liste n'en finiroit point, et comprendroit tous les grands hommes de la république. Je me contenterai d'en nommer un, Phocion[128*], le plus vertueux de tous les Grecs, qui fut condamné et mis à mort sur le seul prétexte d'avoir donné quelque atteinte à la démocratie, quoique par-la-même il eût sauvé la république d'une perte certaine.

Au témoignage de Xénophon et à celui d'Aeschine sur la vraie cause de la mort de Socrate, j'en vais joindre un troisième qui doit avoir encore plus de force, puisque ce sera celui de Platon[129*] lui-même dans la lettre qu'il écrit aux parens de Dion[130]. Dans cette lettre, il leur rend compte des raisons qui l'on obligé d'abandonner les affaires publiques, auxquelles il avoit voulu prendre quelque part dans sa jeunesse. "Lorsque je commençai à entrer

128* Plut., *vit. Phocion.*

129* Plat., *Oper.* p. 1277 [*Epist.* VII, 324b 11].

120 Aucun des anciens n'a douté que les lettres de Platon ne fussent de ce philosophe; elles furent publiées par Hermodore, son ami et son disciple. Cicer. *ad Attic.* lib. XIII, ep. 21. Thrasylle et le grammarien Aristophane dans la distribution qu'ils avoient faite des ouvrages vrais et supposés qui portoient son nom, plaçoient ces lettres au rang des véritables. Diog. in *Plat.* Denys d'Halicarnasse fait mention des lettres de Platon, *de Art. Demosth.* p. 178, *Oper.* vol. II; mais ce qui est décisif, c'est que Cicéron lui-même, *Tuscullan*, lib. V, cap. 35, cite la lettre aus parens de Dion en ces termes: *Est praeclara epistola Platonis ad Dionis propinquos.*

dans le monde, dit Platon[131], j'avois une extrême passion de me mêler des affaires publiques, et de prendre part aux délibérations: il arriva alors un changement dans la forme du gouvernement; l'autorité, ayant été ôtée au peuple, fut confiée à cinquante-un citoyens entre lesquels onze régissoient l'intérieur de la ville, dix commandoient / dans le Pirée, et trente étoient chargés des affaires généraless et de celle du dehors. Mais toute l'autorité étoit entre les mains de ces trente, dont quelques-uns étoient mes parens, et les autres de ma connoissance. Ils m'invitèrent à prendre part sous eux aux affaires publiques: ma jeunesse et mon peu d'expérience m'enpêchèrent de me méfier de leurs intentions; mais je reconnus bientôt que leur administration alloit faire regretter le gouvernement précédent, duquel on avait été si mécontent, et qu'elle le feroit regarder comme un siècle d'or en comparaison du leur. Ayant vu, peu après, de quelle manière ils se conduisirent avec mon cher Socrate, avec ce respectable vieillard que je ne crains point de nommer le plus juste de tous les hommes, je me retirai d'avec eux: ils ne lui pouvoient cependant reprocher que de n'avoir pas voulu tremper dans le meurtre d'un citoyen dont ils vouloient le rendre complice[132]. Un nouveau changement arrivé dans la république, ayant détruit le pouvoir des trente et rétabli l'ancienne forme de gouvernement, quoique mon ardeur pour me mêler des affaire eût été bien refroidie par ce que j'avois déjà vu, je ne laissai pas de me remettre sur les rangs; mais je m'en retirai bientôt tout-à-fait: les temps étoient extrêmement orageux, et, amlgré la modération avec laquelle se conduisoit le plus grand nombre de ceux qui avoient été rappelés d'exil, l'irritation des esprits et le désir de se venger étoient encore tels dans plusieurs citoyens, que l'on ne doit point être surpris qu'il se soit commis plusieurs injustices[133]. Ce fut alors que quelques hommes puissants p. 258

131 Ce philosophe est né vers le commencement de la LXXXVIII Olymp., au printemps de l'an 428 (Apollodor. apud Diog. in *Platone*): il avoit vingt-quatre ans lors de la révolution, et vingt-huit à vingt-neuf ans au temps de la mort de Socrate.

132 [M.F. ne rend pas exactement la fin de cette phrase dont il supprime même une partie. Le texte porte: [...] "*Ils vouloient* que Socrate participât, de gré ou de force, à leur administration; mais il n'y consentit pas, et s'exposa à tout souffrir plutôt que de devenir le complice de leur iniquités"] [*Epist.* VII, 325a 1-3].

133 [Platon ajoute ici: "car rien n'est moins étoinnant, dans les révolutions, que de grandes vengeances personnelles"] [*Epist.* VII, 325b 3-4].

qui gouvernoient la république (δυναστεύοντες τινὲς), mirent mon cher Socrate en justice, l'accusant d'impiété, c'est-à-dire, du crime dont il étoit le plus incapable. Ils se rendirent ses juges, et le condamnèrent à mort, lui dont quelque temps auparavant ils
p. 259 avoient admiré le courage et la vertu, / lorsqu'il avoit refusé d'exécuter les ordres donnés contre l'un d'entre eux pas les trente".

Ce récit, quelque entortillé qu'il soit, nous apprend donc, 1. que Socrate avoit été accusé et condamné par ceux qui commandoient alors dans la république (δυναστεύοντες); 2. que ces hommes puissans étoient ceux-là même qui avoient été chassés de la ville et persécutés par Critias, c'est-à-dire, les partisans de la démocratie; 3. enfin, que ce qui les animoit, étoit un desir de vengeance, inspiré par le souvenir de ce qu'ils avoient souffert. On ne voit rien là qui ressemble aux intrigues ou aux insinuations des sophiistes, dont les petites tracasseries avec Socrate ne devoient guère occuper les esprits dans un temps comme celui où l'on étoit.

Platon exténue, comme on le voit par ses expressions, ce qui'il y avoit de plus odieux dans la conduite des trente, et il supprime l'accusation de séduire le jeunesse: mais il n'est pas difficile d'en connoître la cause; c'est la même qui l'a empêché de parler, dans l'apologie de Socrate, soit des liaisons qu'on reprochoit à son maître d'avoir eues avec Critias le chef de la tyrannie, soit de ce qu'il se vantoit d'avoir fait contre lui pour la défense des lois et de la liberté.

Je l'ai déjà observé, Platon étoit parent assez proche de ce Critias, qui étoit le cousin germain de sa mère Périctione. Il nous apprend ici qu'il avoit eu part à l'administration sous les trente; et l'on a vu quel nom méritoit cette administration: ainsi il n'est pas étonnant qu'il glisse si légèrement sur cette cause de la mort de Socrate, et que non-seulement il ne reconnoisse pas nettement, comme fait Aeschine, que c'étoit principalement le précepteur de Critias que le peuple d'Athènes avoit voulu condamner dans Socrate, mais qu'il ne le laisse pas même entrevoir dans son apologie, où il réduit les moyens de séduction des jeunes citoyens, imputés à Socrate, à celui de leur inspirer plus de respect pour ses conseils que pour les avis de leurs parens; accusation que Socrate renverse si aisément par une seule question, en demandant à ses autiteurs s'ils ne croient pas que leurs enfans doivent préférer la décision des maîtres qui la leur donnent pour les arts et pour les sciences, à tout ce que leur pourroient dire les personnes les plus respectables d'ailleurs, mais qui ignorent ces sciences et ces arts.

On demandera sans doute pourquoi les ennemis de Socrate ne / l'attaquèrent point à découvert comme ennemi de la *démocratie*, p. 260
et pourquoi ils se servirent l'accusation vague de séduire la jeunesse. La réponse est facile: Socrate, qui ne se mêloit point des affaires publiques, auroit pu être convaincu tout au plus d'avoir tenu des discours peu mesurés; et pour le trouver coupable, il auroit fallu remonter à des temps antérieurs à l'archontat d'Euclide, qui commença au milieu de l'été de l'an 403, c'est-à-dire, trois ans et demi au plus avant l'accusation. Or l'amnistie jurée avec tant de solennité sous cet archonte ne permettoit aucune recherche de tout ce qui avoit été fait jusqu'alors. Cette amnistie assuroit la tranquillité publique; et, pour peu qu'on eût voulu lui donner la moindre atteinte, tous les complices de la tyrannie des trente et même les gens modérés du parti des exilés se seroient réunis contre les accusateurs de Socrate, et les auroient fait condamner au dernier supplice comme des impies et comme des sacriléges. Une telle accusation n'auroit pas même été recevable; cela étoit formellement porté par le décret d'amnistie et par la formule du serment; les meurtriers n'étoient pas exceptés: on peut voir les harangues de Lysias, d'Andocide, d'Isocrate, d'Aeschine, de Démosthène, etc. où il est très souvent parlé de cette amnistie. C'est un fait constant; et le seul plaidoyer d'Isocrate contre Callimaque suffiroit pour en convaincre ceux qui l'ignoreroient. Il n'auroit pas même été possible aux accusateurs de Socrate de faire restreindre à lui seul l'exception de l'amnistie; car au temps qu'elle avoit été jurée, il avoit été défendu, par une loi expresse d'établir ou même de proposer aucune loi qui ne regardât qu'on citoyen en particulier, et qui ne s'étendît pas à tous les autres; et il falloit d'ailleurs qu'une nouvelle loi fût confirmée par les suffrages secrets de six mille citoyens au moins[134*]. Ce réglement étoit contenu dans le fameux décret de Tisamène, pour le rétablissement de la démocratie, promulgué sous l'archontat d'Euclide, il n'y avoit pas trois ans[135*]. Le tour que prirent les accusateurs de Socrate, étoit bien plus adroit: l'accusation vague de séduire la jeunesse leur fournissoit, par cela même qu'elle étoit une accusation vague, le moyen de débiter tout ce qu'ils vouloient sur son compte, et de rapporter

134* Demosth., *in Timocrat.* p. 782.

135* Andocides, *de Mysteriis.*

tout ce que lui, ses disciples et même ses amis, avoient fait ou dit contre la démocratie. Les plaidoyers des orateurs Grecs nous p. 261 montrent que rien / de ce qu'ils imaginoient pouvoir nuire à leur adversaire ou amuser leurs auditeurs, ne leur sembloit étranger à la cause qu'ils traitoient. Le tour qu'avoient choisi les accusateurs de Socrate, avoit même cet avantage, que, rapportant les faits les plus propres à le rendre odieux, non comme des choses dont on demandoit la punition, mais comme des preuves du caractère qu'on lui attriboit et comme des faits connus de tout le monde, c'étoit à Socrate ou à ses défenseurs à en montrer la fausseté; ce qu'il ne leur auroit peut-être pas été possible de faire, du moins si l'on en doit juger par le silence de Platon et par la foiblesse des défenses de Xénophon.

Le second chef d'accusation intenté contre Socrate, le crime d'irreligion, ne devoit pas paroître aux Athéniens une imputation aussi destituée de fondement que nous le croyons communément aujourd'hui[136]; non que Socrate, comme se le sont persuadé la plupart des écrivains des premiers siècles du Christianisme, ait été l'ennemi du polythéisme et de l'idolâtrie, ou le prédicateur de l'unité d'un Dieu, ainsi que quelques-uns de ces écrivains l'ont dit: mais Socrate, né d'un caractère railleur, se moquoit des tables poétiques qui étoient cependant la religion populaire; car le peuple ne pouvoit étudier la religion que dans les ouvrages des anciens poëtes. Il osoit avancer que les dieux n'étoient pas plus touchés d'un sacrifice de cent boeufs, que de l'offrande d'un simple gâteau[137*]: la maxime est certainement très-vraie et très convenable à l'idée de la Divinité; mais c'est par cela même qu'elle devoit le rendre odieux aux prêtres et aux ministres de la religion, que rien ne touchoit alors comme leur intérêt particulier. Enfin, et c'est ici l'article important sur lequel nous voyons que les accusateurs appuyoient le plus, Socrate se donnoit pour un homme inspiré, que des pressentimens divins conduisoient en toutes choses et instruisoient du succès que devoient avoir les entreprises sur lesquelles on le consultoit, car c'est en cela que consistoit, selon qu'il nous le dit dans Xénophon et dans Platon, l'assistance de ce *génie* ou *démon* sur lequel les Platoniciens de tous les siècles ont débité tant de rêves absurdes. Dans le véritable discours prononcé

136* Xenoph., *Memorabil.* [I 1, 2] Plato, *passim.* [*Apol.* 18b; 26d].
137* *Memorabil.* I, p. 722 [I III, 3].

par Socrate, et conservé par Hermogène, duquel Xénophon le tenoit[138*], nous voyons que c'étoit sur cette inspiration d'un génie particulier, sur ces pressentimens divins, que Mélitus fondoit l'accusation d'établir une nouvelle religion; / et Platon lui-même, p. 262
dans le dialogue intitulé *Eutyphron*, qu'il suppose tenu pendant le cours de l'instruction, fait dire par Eutyphron à Socrate, que ce sont les inspirations de son génie qui le font regarder comme un homme ennemi de la religion établie[139]. Il faut convenir qu'un semblable dogme ne s'accordoit guère avec la pratique établie alors dans cette religion. La volonté des dieux sur l'avenir n'étoit censée se manifester que par la voix des oracles consultés avec certaines formalités prescrites, et par les signes qui accompagnoient les sacrifices offerts par les mains des prêtres et des ministres consacrés suivant les cérémonies que prescrivoit la religion même.

Le principe de Socrate pouvoit et devoit mener au fanatisme le plus dangereux, à celui qui nous persuade que l'instinct aveugle qui nous pousse à certaines actions, est une voix céleste dont nous devons exécuter les ordres sans examen. Les pressentimens de Socrate étoient éclairés et conduits par l'équité et par la vertu; je l'accorderai à ses admirateurs: mais étoit-il sûr que ces pressentimens le seroient de même dans tous ceux qui se seroient attribué une semblable prérogative? Nous avons vu avec quelle rapidité cette espèce de fanatisme s'est répandue dans les siècles passés, et quels désordres il a causé dans des pays où les imaginations sont certainement plus difficiles à ébranler qu'elles ne l'étoient dans Athènes[140].

Socrate ne répondit à l'accusation de Mélitus qu'en soutenant la divinité et l'infallibilité de ses révélations; et il osa même avancer qu'en attribuant aux dieux les pressentimens prophétiques qu'il éprouvoit en lui[141*], il croyoit défendre une opinion plus véritable

138* Xenoph., *Apolog. Socrat.* p. 702 [411].

139 Aristote (*Poetic.* lib. III, *apud* Diog. *vit. Socrat.* [II 46]) observoit que parmi les ennemis de Socrate, il y avoit un Antiphon qui exerçoit le métier de devin, qui expliquoit les songes, les prodiges, etc. Hermogène, *de Orat. form.* lib. II, en parle sur la foi de Didyme et des anciens historiens; cet Antiphon avoit fait quelques déclamations. Vid. Suid. in *h.v.* Clem. Alexandr. *Strom.* lib. VIII; Theodoret. *Therap. Serm.* VI. Il n'étoit pas étonnant qu'un tel homme ne pût souffrir Socrate, qui décréditoit le métier dont il vivoit.

140 En Allemagne et en Hollande, parmi les Anabaptistes.

141* Xenoph., *Apol.* [12-14].

et même plus religieuse que celle qui attribuoit à l'action divine les augures tirés du chant et du vol des oiseaux, de l'état des victimes, etc. Xénophon nous apprend que ces paroles excitèrent
p. 263 l'indignation / des auditeurs, dont les murmures interrompirent Socrate: mais, comme s'il eût appréhendé de ne les pas assez aigrir contre lui, il continua par leur parler de l'oracle rendu à Delphes en son honneur; oracle qui le déclaroit le plus habile ou le plus sage de tous les hommes. Après quoi il finit par leur prouver en détail qu'il valoit beaucoup mieux qu'eux tous tant qu'ils étoient[142*]. Enfin, de l'aveu formel de Xénophon, il parla de lui-même, dans son discours, avec une telle hauteur, qu'il irrita ses juges, et qu'il hâta par-là sa condamnation. Xénophon[143*] avoue que cette conduite doit paroître pleine d'imprudence à ceux qui ne seront pas instruits de deux choses: l'une, que Socrate ne croyoit pas qu'à l'âge de soixante-dix ans où il étoit, ce qu'il pouvoit raisonnablement espérer de vivre encore, sans voir déperir son corps et son esprit, valût la peine de s'abaisser jusqu'à flatter ses juges; l'autre[144*], qu'ayant, voulu, par deux fois différentes, préparer un discours pour sa défense, toutes les deux fois, l'instinct surnaturel qui le conduisoit s'y étoit opposé. C'étoit d'Hermogène, à qui Socrate l'avoit dit, que Xénophon tenoit ce dernier fait; et ce détail nous prouve combien le fanatisme de Socrate étoit réel et pratique, puisqu'il s'y laissoit conduire dans une occasion où il ne s'aggissoit pas moins que de son honneur et de sa vie; deux choses dont il ne lui pouvoit être permis d'abandonner la défense, quand bien même il n'auroit eu d'autre motif que celui d'empêcher ses juges de commettre une injustice. En comparant le discours de Socrate, dans Xénophon, avec celui ou ceux qu'il tient dans l'apologie composée par Platon, on reconnoît sans peine que le premier discours a servi de fond et de texte à celui de Platon: mais, dans ce dernier, Socrate a perdu toute cette fierté et tout cet oubli de sa propre défense, qui faisoient le caractère de son véritable discours, comme Xénophon nous en assure formellement, en nous disant que c'est-là un point sur lequel se réunissent tous ceux qui parlent de cette affaire. On suppose assez communément, parmi les modernes, que Socrate fut jugé par l'Aréopage; et cette

142* Nenoph., *Apol.* p. 707 [15-16].
143* Xenoph., *Apol.* p. 701 [14].
144* *Apolog.* p. 702 [4], et *Memorabil.* lib. IV p. 817 [IV VIII].

opinion a été non seulement adoptée dans un Mémoire lu il y a quelques années dans cette Académie[145*], mais on s'en est même servi pour combattre l'opinion de Meursius, au sujet du nombre des juges qui composoient le tribunal de l'Aréopage.

Je ne connois cependant aucun ancien écrivain qui ait attribué la / condamnation de Socrate à l'Aréopage, ni qui ait même p. 264 désigné ce tribunal; et je ne vois pas sur quoi on a pu se fonder pour avancer que l'accusation avoit été portée devant lui. Maxime de Tyr[146*] nomme formellement le tribunal des Héliastes, et nous assure que Socrate fut condamné par des juges tirés au sort: la dernière circonstance se trouve aussi marquée dans Athénée. Je conviens que ces deux écrivains sont l'un et l'autre d'un temps assez éloigné de Socrate: mais on sait que l'un étoit un Platonicien zélé pour la gloire de ce philosophe et assez instruit de ce qui le concernoit, et que l'autre avoit rassemblé avec le plus grand soin tout ce qui concernoit l'histoire particulière des hommes célèbres de la Grèce, et tout ce qui avoit quelque rapport à l'histoire littéraire: d'ailleurs ils ne sont contredits par aucun auteur plus ancien, et les circonstances rapportées par les anciens écrivains ne peuvent s'ajuster avec la supposition commune. Par exemple, Socrate, dans le discours que Platon lui fait tenir, voulant prouver à ses juges combien les poëtes qu'il avoit examinés, étoient ignorans des règles de leur art et de ce qui faisoit la beauté de leurs propres ouvrages, dit à ces mêmes juges: "Non, Athéniens, il n'y en a point parmi vous qui ne soit en état d'en mieux parler[147*]. Une semblable apostrophe auroit été une insulte pour les juges de l'Aréopage, qui n'étoient admis dans ce tribunal qu'après avoir passé par les grandes charges, et qui, étant pris parmi les citoyens riches et bien élevés, devoient être ou du moins se croire des gens instruits et en état de connoître les ouvrages des poëtes. Cette apostrophe pouvoit avoir, au contraire, quelque chose de flatteur pous les juges d'un tribunal comme celui des Héliastes, composé de cinq cents hommes tirés au sort dans toutes les classes des citoyens, sans aucune distinction de richesse ni de naissance.

Ce que Diogène Laërce nous apprend, après Phavorin, du nombre des juges qui condamnèrent Socrate, ne peut, en aucune façon,

145* *Recherch. sur l'Aréopage*, vol. VII, p. 174.
146* Max. Tyr. *orat.* 39; Athen. lib. XIII, p. 611.
147* Plat., *Apolog. Socrat.* p. 17 [22b-c].

convenir à l'Aréopage; car, quelque parti que l'on prenne sur le nombre de ceux qui composoient ce tribunal, il n'a jamais été jusqu'à quatre ou cinq cents. Or il faut reconnoître que le nombre des juges devant lesquels fut portée l'affaire de Socrate monte jusque-là.

Dans les jugemens criminels, quoique l'accusateur eût conclu à
p. 265 / la peine de mort, les juges même, après avoir déclaré l'accusé convaincu, ne prononçoient pas cette peine dans tous les cas: on laissoit à l'accusé le droit de parler une seconde fois, soit pour demander grâce, soit pour offrir de payer une amende: quelquefois même il lui étoit permis de se retirer et de s'en aller en exil. Socrate, dans ce premier jugement, fut condamné par deux cent quatre-vingt-une voix: mais, ayant révolté l'esprit de ses juges contre lui par le second discours, dans lequel il leur parla, non comme un homme déjà condamné, mais avec la hauteur et la fierté d'un maître, *ut non supplex aut reus, sed magister aut dominus videretur esse judicum*[148*], quatre-vingt de ceux d'entre ses juges qui lui avoient été favorables se joignirent à ceux qui l'avoient condamné; et tous ensemble, au nombre de trois cent soixante-un, prononcèrent la peine de mort contre lui[149].

Platon fait dire à Socrate, après le premier jugement, que ses adversaires ne l'emportent que de trois voix: donc il y auroit eu deux cent quatre-vingt une voix contre deux cent soixant-dix-huit, et au total cinq cent cinquante-neuf. Quelques manuscrits mettent trente, et d'autres trente-trois[150], ce qui donneroit au total cinq cent ving-neuf ou cinq cente trente-deux. Il est inutile d'entrer ici dans la discussion du nombre des Aréopagites: il est sûr qu'il n'a jamais pu approcher de celui des juges qui condamnèrent Socrate, au lieu que ce nombre peut très bien cadrer avec celui des Héliastes.

Le tribunal des Héliastes étoit, à ce que nous apprend Harpocration, le plus grand ou le plus nombreux de tous ceux de la ville d'Athènes: ordinairement il étoit composé de cinq cents hommes; mais quelques fois on doubloit ce nombre de juges, et alors il étoit

148* Cicer., *de Orat.* lib. I, c. 54.

149 *Cujus responso sic judices exarserunt, ut capitis hominem innocentissimum condemnarent.* Cicer., *de Orat.* lib. 1, c. 54.

150 M. Rollin, *Hist. anc.* tom. IV, p. 414, *note*, conclut de là, avec raison, que ce texte est altéré, et ne peut rien établir de sûr. Platon suppose que les accusateurs de Socrate l'emportoient de fort peu de voix: c'est-là tout ce qu'il y a d'assuré.

de mille. Dans des occasions plus importantes encore, on le triploit; et il se trouvoit de quinze cents. C'est ce que Pollux et Harpocration nous apprennent[151*], et ce dont on trouve des traces dans les orateurs. Etienne de Byzance assure que ce tribunal se formoit de quatre autres; du premier composé de cinq cents juges, du
second, de / cinquante, du troisième de deux cents, et du quatri- p. 266
ème de cent[152]. Il est très probable que, dans certaines causes, les quinze cents Héliastes se partageoient, et que l'on en choisissoit un certain nombre pour présider à l'instruction, qui auroit pu difficilement se faire devant un aussi grand nombre de juges.

Ce qui a fait supposer aux modernes que Socrate avoit été jugé par l'Aréopage, c'est sans doute l'accusation d'impieté que l'on s'est imaginé être du ressort du tribunal de l'Aréopage, exclusivement à tous les autres. Mais nous voyons, par l'exemple de la condamnation d'Alcibiade[153*], que ces sortes d'accusations étoient portées devant le peuple, c'est-à-dire, devant les Héliastes, qui étoient le tribunal du peuple, et dans lequel tous les citoyens audessus de trente ans avoient droit d'entrer, puisque c'étoit le sort qui faisoit seul le choix entre eux. Pour s'en convaincre, il ne faut que lire le détail du procès d'Alcibiade dans Thucydide et dans Plutarque[154*]. Le serment que prêtoient les Héliastes après leur élection, et que Démosthène rapporte en entier[155*], nous montre que le tribunal qu'ils composoient, avoit droit de connaître de toutes sortes d'affaires, et sur-tout des accusations de crimes publics. Les Héliastes juroient de ne tolérer aucune action ni même aucun discours qui pût être favorable à la tyrannie ou à l'oligarchie, ni qui fût contraire à l'autorité du peuple, etc. Le décret du conseil, portant permission d'accuser Antiphon comme traître à la patrie, rapporté dans la vie de cet orateur par Plutarque, suppose que c'est devant le peuple que l'affaire devoit être jugée.

La célébrité du nom de l'Aréopage a fait illusion au plus grand nombre de ceux qui parlent des antiquités Grecques; ils se /
persuadent que ce tribunal a conservé depuis Solon et depuis p. 267
Périclès, l'autorité qu'il avoit eue dans les premiers temps. Ils ne

151* Pollux, lib. VIII, cap. 10, 123; Harpocrat. in v. Ἡλιαία.
152 [Stephan. Byz. in voc. Ἡλιαία [...]].
153* Andocid., *de Myster.*
154* Thucyd. lib. VI, cap. 27, 28, 29 et 53 ad 61; Plut. in *vit. Alc.*
155* Demosth., *in Timocrat.* p. 796.

pensent pas que cette autorité, déjà fort diminuée par Solon en établissant les tribunaux judiciaires composés de simples citoyens tirés au sort[156*], fut presque entièrement anéantie par le sénat ou conseil ordinaire des cinq-cents divisés en dix prytanies, auquel Périclès donna le droit de préparer toutes les affaires[157*], tant publiques que particulières, avant qu'elles fussent proposées dans l'assemblée du peuple, et par le droit qu'il donna à ce même peuple de revoir ce qui avoit été réglé par l'Aréopage.

Ce tribunal n'avoit guère qu'une inspection sur la police, tant civile que religieuse. Il étoit chargé de veiller à l'observation des lois, et, dans certains cas pressans, il avoit le droit de faire des recherches et des informations; mais c'étoit l'assemblée du peuple qui avoit seule le pouvoir de prononcer et de juger: souvent même l'Aréopage n'étoit chargé que d'exécuter la commission que le peuple ou le sénat lui avoit donnée. Le detail de l'affaire d'Harpalus et de l'accusation intentée alors contre Démosthène, en fournit la preuve, et montre combien ce tribunal avoit peu d'autorité réelle. Malgré toute l'emphase avec laquelle Isocrate en parle dans le discours composé pour en faire l'éloge, on voit qu'au fond il n'avoit plus aucune fonction important ni presque aucune part dans le gouvernement. C'est-là ce qui fait le sujet des regrets d'Isocrate dans ce discours, et ce qui lui fait desirer que l'on rétablisse le gouvernement tel qu'il étoit au temps de Solon, et que l'on abolisse celui dont Périclès avoit été l'auteur.

J'ai dit, dans le cours de ces observations, que l'on devoit extrêmement se méfier des faits rapportés dans ces ouvrages de cabinet, composés pour amuser des lecteurs sur l'indulgence desquels on comptoit, et dont l'auteur redoutoit peu la contradiction, parce qu'il ne devoit pas en être le témoin. Je vais en donner quelques preuves: les dialogues de Platon pourroient seuls m'en fournir un très grand nombre. Je ne parlerai point de ces anachronismes qui lui ont été reprochés il y a long-temps; je ne m'arrêterai pas même sur cette opposition formelle que l'on remarquoit entre les discours du vrai Socrate et ceux du Socrate des dialogues de Platon: il me suffira de l'indiquer. Personne n'ignore que le même
p. 268 Socrate, qui, / dans les dialogues de Platon, fait sans cesse de longues dissertations sur les question les plus abstraites d'une

156* Aristot., *Polit.* II, cap. 10 [II, 12 – 1273].
157* Aristot., *ibid.* Adde: Plut., *Solon*; *Pericl.* et *Aristid.*

métaphysique subtile, pour ne pas dire alambiquée, sur les propriétés chimériques des nombres, sur la distinction des être et sur leur origine, sur les migrations des ames dans différens corps, sur la construction de l'univers, sur la disposition de l'intérieur de la terre, etc., personne, dis-je, n'ignore que ce même Socrate, non-seulement dans les ouvrages de Xénophon, mais encore dans son apologie composé par Platon, faisoit profession d'ignorer toutes ces choses dont il abandonnoit l'étude aux sophistes. Il défie même, dans ce discours, les Athéniens de pouvoir le convaincre de s'en être jamais entretenu.

Je me bornerai ici à un seul exemple, pris du *Menon* ou du dialogue même que j'ai cité dans la première observation. Socrate dit, dans ce dialogue, que Protagore a exercé le métier de sophiste durant quarante ans avec le plus grand succès, sans que, ni pendant tout ce temps-là, ni même depuis sa mort, sa gloire ait souffert la moindre atteinte. Comment Platon a-t-il pu faire tenir un tel discours à Socrate, lorsqu'il étoit de notoriété publique que Protagore, mis en justice pour ses sentimens sur la religion, avoit été obligé de prendre la fuite; que son livre avoit été condamné au feu, et lui au banissement: *Atheniensum jussu, urbe atque agro exterminatus, librique ejus in concione combusti*, dit Cicéron[158*].

Timon de Phliasie[159] disoit la même chose de Protagore, dans un fragment du second livre de ses Silles. "Ses ouvrages, disoit-il, ont été réduits en cendre par l'ordre des Athéniens; et pour lui, il n'a évité que par la fuite une destinée pareille à celle que Socrate éprouva peu après[160*]". Dans le dialogue de Platon, la réputation dont parle Socrate, n'est pas celle d'homme d'esprit. Il entreprend de prouver, contre Anytus, que Protagore et les autres sophistes n'ont jamais été accusés d'enseigner une doctrine dangereuse: cependant il y avoit à peine quelques années que ce Protagore avoit été, non-seulement accusé, mais encore convaincu de soutenir une doctrine impie; et Platon en étoit si persuadé, que, dans l'apologie de Socrate, il se garde bien de joindre le nom de Protagore à / ceux de Prodicus, de Gorgias, d'Hippias et d'Evénus, p. 269

158* *De Natura Deor.* lib. I, cap. 23. Diog. Laert. lib. IX [VIII, 52].

159 Disciple du philosophe Pyrrhon, il fut bienvenu auprès des rois Antigonus et Ptolémée Philadelphe, ce qui montre qu'il étoit né au plus tard sous les premiers successeurs d'Alexandre.

160* Sext. Empriricus. lib. IX, cap. 57.

sophistes célèbres à la vérité, mais beaucoup moins fameux que Protagore, surnommé le *logos* par excellence, la parole, le raisonnement.

Dans toute autre occasion que celle-ci, je me serois bien gardé de me servir de l'autorité d'un dialogue de Platon, pour établir une date chronologique comme celle du temps où commença la brouillerie entre Socrate et Anytus; mais cette autorité doit être décisive contre les partisans de l'opinion que j'examine: ils respectent trop l'autorité du divin Platon, pour la pouvoir récuser sur cet article. Cependant, comme tous les lecteurs ne seront peut-être pas remplis du même respect, je me crois obligé de faire ici cette remarque, pour que l'on ne me soupçonne pas de déférer trop à son témoignage.

Les causes de la mort de Socrate ne sont pas la seule partie de son histoire sur laquelle les sophistes Platoniciens ont donné carrière à leur imagination. Ils supposoient, par exemple, que le discours composé par le sophiste Polycrate étoit celui-là même sur lequel Socrate avoit été condamné[161*]; et il fallut que Phavorin leur fût observer que, dans ce discours, il étoit fait mention du rétablissement des longues murailles par Conon, événement postérieur de six ans à la mort de Socrate[162]. Il est singulier que cela pût être mis en question; car il est clair, dans le préambule de l'éloge de Busiris par Isocrate, que ce Polycrate[163] étoit un sophiste de son temps, qui, pour donner des preuves de son éloquence et pour montrer combien le choix de son sujet lui étoit indifférent, avoit composé deux déclamations, l'une contre Socrate, l'autre en faveur de Busiris[164*].

C'est encore sur la foi des traditions débitées par ces Platoniciens, que Diodore de Sicile[165*], assure qu'aussitôt après la mort de Socrate le peuple d'Athènes sentit la perte qu'il venoit de faire, et que, tournant toute sa colère contre ses accusateurs, il les condamna au dernier supplice, sans vouloir même leur permettre de

161* Diog. Laert., in *vit. Socrat.* [II V, 39].

162 [*ib.*].

163 L'ancien auteur de l'argument du *Busiris* d'Isocrate, soutient pourtant encore que ce discours de Polycrate étoit celui par lequel Anytus avoit fait condamner Socrate, sans songer que cela est formellement contraire à Isocrate lui même [Isoc., *Bus. Ipoth.* 5].

164* Isocrat., *de laudibus Busiridis* [XI, 4].

165* Diod., lib. XIV, c. 5, *olymp.* 95, an. 1e.

se défendre. Diogène Laërce ne suppose pas que les Athéniens, pour punir les accusateurs de Socrate d'une injustice, eussent voulu en commettre eux-mêmes une nouvelle[166*], en les condamnant sans observer aucune / forme: il dit seulement que Mélitus fut condamné à la mort, et les autres au bannissement; mais il ajoute que les Athéniens ordonnèrent, pendant quelques temps, de tenir les gymnases et les lieux d'exercices fermés. L'auteur de l'argument du *Busiris* d'Isocrate prétend que ce fut une maladie contagieuse par laquelle les dieux témoignèrent leur colère, qui fit ouvrir les yeux aux Athéniens sur le crime qu'ils avoient commis en condamnant Socrate. Il ajoute que le regret des Athéniens fut si grand, qu'ils défendirent, par une loi expresse, que l'on prononçât devant eux le nom de Socrate; et qu'Euripide, pour satisfaire son amitié sans s'exposer à la peine portée par la loi, glissa, dans son *Palamède*, quelques vers qui faisoient une allusion si marquée à la mort de Socrate, que les spectateurs ne purent retenir leurs larmes et leurs gémissemens, lorsqu'ils les entendirent réciter. Dès le temps de Philochore, c'est-à-dire, cent trente ou cent quarante ans au plus après la mort de Socrate, on débitoit cette dernière circonstance dans Athènes; sur quoi ce critique observoit qu' Euripide étoit mort avant Socrate[167*]. On peut ajouter que son Palamède étoit, au plus tard, de la troisième année de la XCIIe Olympiade, et antérieur de dix ou onze ans au moins à la condamnation de ce philosophe[168*]. La preuve en est bien simple: Aristophane, dans ses *Thesmophories* fait mention du *Palamède* d'Euripide; ou la comédie des *Thesmophories* est de la vingtième année de la guerre du Péloponnèse[169], comme il est facile de le voir par ce qui y est dit de Charminus[170].

p. 270

Nos modernes ont adopté la plupart de tous ces détails, qui leur ont paru honorables à la mémoire de Socrate. D'ailleurs, comme ces détails étoient rapportés par des écrivains Grecs et

166* Diog. in *vit. Socrat.* [II V, 43].

167* Diog. Laert. in *vit. Socrat.* [II, V, 44].

168* Vid. Sam. Petit, *Miscell.* I, cap. 13.

169 Cette année, qui est la 412e. avant l'ère Chrétienne, est la 13e. avant la mort de Socrate. Samuel Petit met la représentation de cette comédie en 409; ce seroit toujours dix ans avant la mort de Socrate. Le *Palamède* étoit au moins de l'année précédente.

170* |v. 777; v. 811 [Aristoph. *Thesm.* v. 770; v. 804. Charminos, stratège athénien, venait d'être battu sur mer. Cf. Thucyd. VIII 30 et 42]

Latins, c'en a été assez pour les recevoir sans examen[171]: la moindre réflexion auroit cependant mis en état d'en sentir la fausseté. Platon, dans sa lettre aux parens de Dion, écrite long-temps après
p. 271 la mort de / Socrate, parlant de la condamnation de *son cher Socrate*, comme il le nomme, auroit-il gardé le silence sur le repentir des Athéniens, et sur un repentir dont il auroient donné des marques si éclatantes? Xénophon, qui parle de Socrate en tant d'endroits de ses ouvrages, se seroit-il contenté d'assurer que sa condamnation n'avoit fait aucun tort à sa réputation, au lieu que la mauvaise éducation et le peu de mérite du fils d'Anytus feroient la honte éternelle du nom de son père? Si cet Anytus avoit été chassé d'Athènes à cause de l'accusation de Socrate; si, errant et fugitif par toute la Grèce comme le dit Thémistius[172*], il n'eût pu trouver de retraite en aucun endroit, et eût enfin été lapidé par ceux d'Héraclée; si du moins, comme le dit Plutarque, les témoignages de mépris et d'exécration que recevoient des autres Athéniens les accusateurs de Socrate, les eussent forcés à se donner la mort[173] pourquoi ni Xénophon, ni Platon, ni aucun des écrivains voisins du siècle de Socrate, n'en auroient-ils rien dit, eux à qui la mémoire de ce philosophe étoit si chère, et qui avoient un intérêt si grand et si personnel à la défendre?

Je pourrois alleguer encore comme une preuve de la fausseté de ces traditions Platoniciennes sur le prompt repentir des Athéniens après la mort de Socrate, ce que dit le Platonicien Hermodore dans Diogène Laërce[174*], qu'aussitôt après la condamnation de Socrate. Platon et ses autres disciples abandonnèrent Athènes pour éviter la fureur des ennemis de ce philosophe, et qu'ils se retirèrent à Mégare auprès d'Euclide, fondateur de la secte *Eristique* ou de

171 S. August *de Civitate Dei*, VIII, 3, et Tertullien, *Adversus gentes Apologet. et ad nationes*, ont adopté ces bruits, parce que, comme ils vouloient faire de Socrate un martyr de l'unité de Dieu, il falloit bien que les Athéniens eussent rendu un témoignage public à son innocence.

172* Themist., *orat.* II, ed. Petav.

173 "Les Athéniens, dit cet auteur, conçurent une si forte haine contre les infames délateurs de Socrate, et eurent une telle horreur de leur extrême méchanceté, qu'ils leur refusoient du feu; qu'ils ne daignoient pas répondre à leurs questions; qu'ils ne vouloient pas se servir au bain de la même eau, et qu'ils faisoient aussitôt répandre celle qui avoit été à leur usage. Ces misérables, ne pouvant supporter une pareille aversion, se pendirent de désespoir". Plut., *de Inv. et Odio*, tom. II, p. 636.

174* Diog. Laert. in *vit. Euclid.* [II X, 106].

celles des Dialecticiens. Platon n'avoit alors que vingt-huit ans, comme l'assuroit Hermodore[175*], car Socrate fut jugé au printemps de l'an 399, et Platon est né le onzième mois de la première année de la LXXXVIIIe Olympiade, au printemps de l'an 427, selon Apollodore. Le calcul d'Hermodore montre que Platon abandonna Athènes aussitôt après la condamnation de Socrate, et probablement avant sa mort, à laquelle il n'assista pas. Un parent de Critias, un homme qui avoit eu / des emplois pendant sa tyrannie, pouvoit p. 272
ne se pas croire alors en sûreté dans Athènes.

Mais l'expression qu'Hermodore emploie en cette occasion, où il donne *la persécution des tyrans* pour cause de la dispersion des disciples de Socrate, est très-peu exacte; on ne peut employer son témoignage que comme une preuve que tous les Platoniciens ne suivoient pas ces traditions adoptées par les modernes. Au reste, cette expression d'Hermodore, jointe à la fausse chronologie de Diodore[176*], qui prolonge le gouvernement des trente tyrans jusqu'à la fin de la quatrième année de la XCIVe Olympiade, ou jusqu'à l'an 400, auroit pu me fournir le moyen de défendre un peu plus long-temps le soupçon que j'avois eu, avant d'avoir mieux examiné la question, que la haine de ces trente tyrans pour Socrate avoit eu quelque part à sa condamnation; la chose n'auroit peut-être pas été si difficile, avec un peu cette mauvaise foi littéraire qui ne règne que trop dans les disputes, lorsqu'on y est moins conduit par le desir d'éclaircir la vérité, que par celui d'avoir ou du moins de paroître un peu plus long-temps avoir raison.

CONCLUSION

Pour résumer ce que je crois avoir établi dans les observations précédentes, et le réduire à quelques propositions simples et dégagées des discussions dans lesquelles je n'ai pu me dispenser d'entrer, je dirai que dans la première partie j'ai montré.

1. Que la comédie des *Nuées* d'Aristophane n'a pu préparer les Athéniens à la condamnation de Socrate, parce qu'elle a précédé cet événement de vingt-quatre ans, et parce qu'ayant été remise au théâtre deux fois différentes, elle fut sifflée toutes les deux fois;

175* Diog. Laert. in *vit. Plat.* [III, 6].
176* Diod. lib. XIV, olymp. 94, an. 4.

ce qui montre qu'elle ne fit pas une grande impression sur les esprits;

2. Que ni Mélitus ni Anytus ne peuvent être ceux qui engagèrent, par une somme d'argent, Aristophane à déchirer Socrate en plein théâtre, parce que Mélitus étant encore assez jeune vingt-quatre ans après la représentation de cette comédie, il ne devoit être alors qu'un enfant, qui, quand même il auroit été d'une famille riche, n'auroit pu disposer d'une somme d'argent capable de tenter Aristophane, et parce que, quatorze ans après la première
p. 273 / représentation des *Nuées*, Anytus n'étoit pas encore brouillé avec Socrate, au moins s'il en faut croire Platon;

3. Que les sophistes, qui sont du moins aussi maltraités que Socrate dans les comédies d'Aristophane, n'étoient pas en assez bonne intelligence avec ce poëte, pour l'engager à maltraiter Socrate à leur prière; si cela eût été, il auroit gardé un peu plus de ménagement avec eux: les choses qu'il leur reproche sont précisément celles pour lesquelles Diagoras et Protagore furent condamnés, et celles dont ils étoient soupçonnés avec beaucoup de fondement;

4. Que ces sophistes, qui étoient détestés par Anytus, selon Platon, ne peuvent être ceux qui l'ont animé contre Socrate; que d'ailleurs ils étoient en petit nombre, très-suspects aux partisans de la démocratie, et si peu accrédités, qu'ils n'avoient pu sauver à leur chef Protagore la flétrissure d'un jugement qui le condamnoit à l'exil comme un ennemi des dieux, et en vertu duquel son livre fut brûlé publiquement comme un ouvrage pernicieux;

5. Que le passage d'Elien, qui contient plusieurs faussetés démontrées, ne mérite aucune créance sur le reste, et ne peut servir de fondement solide à aucun système. Elien étoit un compilateur qui, sans choix, sans discernement et même sans aucune exactitude, écrivoit ce qu'il se souvenoit d'avoir lu dans des livres très communs alors; et ce n'est que la perte de ces ouvrages plus anciens, qui peut donner quelque mérite à ses compilations.

Dans le seconde partie ou dans les observations sur les véritables causes de la condamnation de Socrate, je crois avoir encore montré:

1. Que la démocratie ayant été rétablie à Athènes après la mort de Critias, les partisans du gouvernement populaire étoient avec raison dans une crainte continuelle que les ennemis de cette forme de gouvernement, qui étoient les plus riches et les plus habiles des

citoyens, ne vinssent à bout de rétablir l'oligarchie ou l'aristocratie, entreprise dans laquelle ils auroient été aidés par les Lacédémoniens, alors les maîtres de toute la Grèce; que, par conséquent, un homme comme Socrate, respecté par sa vertu et par son mérite, qui avoit donné des preuves éclatantes de sa fermeté, et qui d'ailleurs tournoit ouvertement en ridicule le point reconnu par tous les anciens éclairés pour la base de la démocratie, l'élection des magistratures par le sort, devoit leur être très-odieux et très-suspect; /

2. Que Socrate, selon le témoignage formel de l'orateur Aeschine p. 274
dans une harangue prononcée en public, avoit été condamné comme maître de Critias et comme ayant instruit celui qui avoit détruit le gouvernement populaire: Xénophon reconnoisoit que l'éducation de Critias, jointe aux railleries de Socrate contre la forme des élections par le sort, étoit ce que l'on avoit principalement allégué pour prouver la séduction de la jeunesse dont il étoit accusé; enfin, Platon, lui-même, qui n'avoit osé parler de Critias son parent, dans l'apologie composée sous le nom de Socrate, reconnoissoit, dans sa lettre aux parens de Dion, que ce philosophe avoit été la victime du ressentiment des citoyens maltraités sous le gouvernement des trente, et des partisans outrés de la démocratie;

3. J'ai montré pourquoi les ennemis de Socrate n'osèrent déclarer ouvertement le crime dont ils le trouvoient coupable: l'amnistie jurée si solennellement trois ans auparavant, ne leur permettoit pas d'intenter contre lui une semblable accusation; mais, comme les Héliastes qui devoient le juger, étoient tous des hommes du peuple et partisans zélés de la démocratie, les accusateurs de Socrate étoient bien sûrs qu'il suffiroit d'accuser Socrate pour qu'il leur parût coupable;

4. Que l'accusation d'impiété proposée contre Socrate ne devoit pas paroître aussi déraisonnable aux yeux des Athéniens qu'elle nous le semble aujourd'hui, non-seulement parce qu'il attaquoit les fables des poëtes, regardées alors comme les dépositaires des traditions religieuses, et parce qu'il parloit contre les dépenses excessives des sacrifices, mais encore parce qu'il se donnoit lui-même pour un homme inspiré et dirigé par les conseils d'un génie attaché à lui: par-là Socrate introduisoit une nouvelle espèce de divination différente de celle des augures et de celle des oracles; par-là ouvroit la porte au fanatisme; et il y avoit tout à craindre pour l'Etat, si un semblable système s'étoit répandu;

5. Enfin, j'ai fait voir que Socrate s'étoit très-mal défendu ou, pour mieux dire, qu'il ne s'étoit point défendu du tout; puisqu'au lieu de se justifier et d'instruire ses juges sur la fausseté des accusations proposées contre lui, il leur avoit parlé uniquement de la certitude de ses inspirations, et du témoignage que l'oracle de Delphes avoit rendu à l'excellence de son esprit. /

p. 275 Qu'il me soit permis de remarquer ici en finissant, combien il est difficile de concilier la conduite que tint Socrate, lors de son accusation, avec les principes que Platon lui attribue dans le dialogue intitulé *Criton.* Un homme plein d'amour pour la république, et respectant le gouvernement établi, au point de soutenir, comme Socrate le fait dans ce dialogue, que l'on ne peut sans crime se soustraire à l'exécution d'un arrêt de mort prononcé même injustement contre soi, pouvoit-il parler aux juges qui représentoient ce gouvernement et qui en exerçoient toute l'autorité, comme le fait Socrate dans son apologie? Pouvoit-il leur dire que, de quelque manière qu'ils jugeassent de sa doctrine et de sa conduite, il ne changeroit ni l'une ni l'autre, parce qu'il croyoit qu'elles étoient conformes à la verité et à la justice; qu'il aimoit et respectoit la république, mais que, quelque défense qu'elle lui fît de continuer à enseigner sa doctrine, il ne cesseroit point de la faire, parce qu'elle lui paroissoit bonne, et parce qu'il valoit mieux obéir aux ordres de Dieu qu'à ceux des hommes? On sait, pour peu que l'on ait lu les dialogues de Platon, ce que c'étoit que ce dieu de Socrate; ce n'étoit autre chose que l'instinct, le pressentiment ou, si l'on veut, l'inspiration de ce génie duquel il parloit à tout moment. Socrate croyoit donc qu'il y a en nous un principe intérieur de conduite, dont les mouvemens ne doivent point être assujettis aux ordres du gouvernement. Il ne s'agit point ici d'examiner les conséquences d'un pareil dogme par rapport à la société, mais seulement de le comparer avec celui que débite Socrate dans le *Criton*, dogme par lequel nous sommes obligés, non-seulement à une soumission respectueuse, mais encore à une approbation intérieure des moindres ordres émanés de l'autorité suprême ou de la patrie.

Socrate, plein d'amour et de respect pour la république, devoit-il manquer d'indulgence pour ceux qui la composoient, et refuser d'employer les moyens que ses amis croyoient propres à instruire les juges, à les persuader, et à les empêcher de commettre une injustice en le condamnant? Devoit-il, par un motif d'orgueil

et de fierté philosophique, refuser d'employer les moyens qu'on lui proposoit, sous prétexte qu'ils auroient été peu honorables pour lui? Dans les principes de cette perfection morale que lui attribue le *Criton*, n'étoit-ce pas se rendre complice de l'injustice, que de ne pas faire / tout ce qui étoit en lui pour l'empêcher? Au p. 276
fond, Socrate se conduisit, non par les principes qu'on lui fait débiter dans le *Criton*, mais par ceux qu'il déclara à Hermogène, de qui Xénophon le tenoit: il ne daigna pas se défendre, parce qu'il crut reconnoître, par les inspirations de son démon, que son accusation étoit le terme fatal que les dieux avoient marqué pour la fin de sa vie. L'idée que nous prenons, dans les premières années de nos études, de la sagesse et du mérite de Socrate, nous fait une illusion que les réflexions d'un âge plus mûr ont peine à dissiper: nous répugnons à nous persuader que tout sa vertu et toute sa raison ne l'avoient pu préserver d'une espèce de fanatisme religieux qu'il portoit jusque dans la pratique des actions les plus importantes, et qui l'empêcha de suivre, dans son assusation, la conduite que la raison et les conseils de ses amis lui dictoient.

Voilà, si je ne me trompe, la question des causes de la mort de Socrate suffisamment et peut-être plus que suffisamment instruite de ma part. Ses ennemis et les auteurs de sa condamnation ont été les partisans outrés de la démocratie, auxquels il s'étoit rendu suspect; et les prétextes qu'ils prirent pour le perdre, furent, d'une part, ses discours peu favorables au gouvernement populaire, et ses liaisons avec Alcibiade, avec Critias et avec les autres ennemis de la démocratie; d'un autre côté, ce fanatisme par lequel il donnoit à ses inspirations particulières une certitude au moins égale à celle des oracles les plus respectés. Enfin, je suis persuadé que ses tracasseries avec les sophistes n'ont pu avoir qu'une part bien médiocre à sa condamnation, si même elles y en ont eu quelqu'une.

C'est à-présent au lecteur à examiner l'opinion que j'établis, et à juger si elle est préférable à celle que je rejette. De semblables questions nous sont aujourd'hui trop indifférentes pour mériter que l'on s'engage à leur occasion dans des controverses: or le dessein de trouver la vérité, qui sembloit d'abord être notre unique motif, cesse bientôt d'être l'objet principal de la dispute, et ne laisse plus subsister que le desir de défendre une opinion pour laquelle on s'est déclaré. L'exemple de toutes les controverses littéraires, sans en pouvoir presque excepter une seule, ne nous montre que trop combien il est dangereux de s'y engager.

SIGISM. FRIDERIC DRESIGII
A.M. ET SCHOL. THOM. CONRECT
E P I S T O L A

QUA

VIRO CLARISSIMO ATQUE DOCTISSIMO
D O M I N O

A D R I A N O D E O D A T O

S T E G E R O
LIPSIENSI
SUMMOS IN PHILOSOPHIA HONORES

GRATULATUR
ET

DE SOCRATE IUSTE DAMNATO
DISSERIT

LIPSIAE A.D.X. KALEND. MART. CICIƆCCXXXVIII.
EX OFFICINA LANGENHEMIANA.

VIR CLARISSIME,

Si qua occasio scribendi iustissima unquam homini fuit, ea certe mihi contingit, qua TIBI, VIR CLARISSIME, summos in Philosophia honores gratulandos esse video. Nam quae rationes ad id genus scriptionis alios impellunt singulae, aut a piae mentis studio, aut ab legibus arctioris consuetudinis repetitae, eae mihi universae officium TIBI gratulandi ita iniungunt, ut eo neglecto videar non tam TIBI, STEGERE DOCTISSIME, quam mihi ipsi defuturus. Neque enim id mihi sumo, ut egregiae TUAE eruditioni, quam in corona publica semel atque iterum maxima cum laude demonstrasti, credam exili mea praedicatione aliquid accedere posse. Scientiam vero TUAM in iurisprudentia maxime elegantiori, illustri Iurisconsultorum ordini frequentissimo consilio haut ita pridem probatam, verbis non satis assiduis celebrare si susciperem, verendum omnino esset, ne plus temeritatis, quam pietatis prae me tulisse iudicer praesertim quum inclutus ordo Philosophorum virtutum TUARUM praeconium et re et verbis amplissimum hoc ipso die faciat. At quo minus clarissima ingenii TUI VIR CLARISSIME, documenta lenociniis verborum indigent, eo graviores mihi adesse caussas sentio, officium TIBI meum declarandi. Nam illustris TUI Parentis gratiam in me plane inauditam ac beneficia vere maxima consideranti grave, ne quid dicam gravius, videtur, quanta observantia Parentis Excellentissimi benignitatem veneror, tanto filii doctissimi honores studio non prosequi. Amorem denique, MI STEGERE, TUUM, quem mihi a primis amicitiae nostrae temporibus praestitisti, perpendenti maximo opere cavendum est, ne, cum turpissimum sit in amore vinci, tum, dignitate, qua hodie ornaris, ingrato silentio praetermissa, foedissimam animo meo maculam aspergam. Accipe ergo interpretem amoris in TE mei Socratem iuste damnatum quem quo doctius olim publice defendisti, eo meliorem in partem, spero, interpretaberis.

I. Res est extra controversiam posita, Socratem Athenis publice damnatum esse Olympiade XCV anno I. vid. DIODORUS SICULUS, Lib. XIIII, p. 416. D. [1] et DIOGENES LAERTIUS, Lib. II.

segm. 44 p. 107. Iam vero ex historicorum monimentis nobis cognitum est, XXX. viros Athenis creatos esse Olympiade XCIIII anno I. XENOPHON, *Hist. Graec.* Lib. II. p. 461 B. [2] et DIODORUS SICULUS, *d.l.* p. 396 seq. quibus in tyrannidem prolapsis imperium abrogatum est Olympiade XCIIII. anno IIII. a Thrasybulo libertatis vindice prostratis quo facto decemviri dictatoria potestate summae rerum praefecti sunt. qui vero quoniam pariter se pro tyrannis gerebant, Pausanias Lacedaemoniorum Rex invidia cum primis in Lysandrum ductus magnis cum copiis Athenas profectus, pace inter exules et oppidanos facta, libertatem Atheniensibus restituit. *καὶ τότε μὲν ἀρχὰς καταστησάμενοι ἐπολιτεύοντο*, scribit XENOPHON. *Hist. Graec.* Lib. II. p. 479 B. [3] vel, ut loquitur DIODORUS SICULUS, *d.l.* p. 413. D. *διόπερ Ἀθηναῖοι μὲν ἐκομίσαντο τὴν πατρίδα, καὶ το λοιπὸν τοῖς ἰδίοις νόμοις ἐπολιτεύσαντο*. Quum igitur populo imperium Athenis redditum sit anno IIII. Olympiadis XCIIII. et Socrates anno sequenti, scilicet I. Olympiados XCV cicuta hausta perierit, nemo dubitabit, Socratem sub imperio populari Athenis damnatum esse. Huc accedit, quod ab Atheniensibus, hoc est, populo damnatus capitis passim memoratur. vid. MAXIMUS TYRIUS, *Dissertatio* XXXIX. p. 406., XENOPHON MEMORABIL. Lib. I c. 1. n. 1. Deinde LAERTIUS, Lib. II, segm. 41, Socratem narrat ducentis octoginta et una sententiis iudicum super eas, quibus absolutus fuerat, damnatum, immo exacerbatis iudicum animis, adiectas alias octoginta sententias fuisse, quae popularem statum satis loquuntur. Denique MAXIMUS TYRIUS, *d.l.* p. 412. eos, qui Socratem damnarunt, diserte vocat *δικαστήριον δημοκρατικόν*. quibus abunde quidem probatum a nobis existimamus, Socratem ad mortem datum esse populo imperium tenente.

II. Iam cuius imperii, popularis, an optimatum fautor fuerit Socrates, hoc potiori iure disquirendum putamus, quod hac de re altum est silentium in iis libris, quos posterior maxime aetas de Socrate in lucem emisit. Atqui haut dubitans affirmare audeo, Socratem populare imperium improbasse ac reiecisse. Nota est PLATONIS, *de republ.* Lib. V. p. 665. D. [4] sententia cum ab

[1] [Diodor. Sic. XIV 37,7]
[2] [Xen. *Hell.* II III, 2]
[3] [Xen. *Hell.* II, IV, 43]
[4] [Plat. *Resp.* 473c-d]

aliis bene multis, tum a CICERONE, *ad Q. Fratrem* Lib. I. epist. I c. 10. laudata. *Atque ille quidem,* inquit, *princeps ingenii et doctrinae Plato tum denique fore beatas respublicas putavit, si aut docti ac sapientes homines eas regere coepissent, aut ii, qui regerent, omne suum studium in doctrina ac sapientia collocassent.* Quam sententiam ut Platonem credam a praeceptore suo accepisse, variis, quae de Socrate legimus, testimoniis penitus adducor. Nam primo *ἔλεγεν ἓν μόνον ἀγαθὸν εἶναι τὴν ἐπιστήμην· καὶ ἕν μόνον κακὸν τὴν ἀμαθίαν*, referente LAERTIO. Lib. II. segm. 31. tum eodem teste segm. 34, laudantem vulgus idem facere aiebat, ac si quis unum tetradrachmum reprobaret, cumulum contra ex hisce congestum susciperet probum. Denique ipse Socrates non uno in loco apud XENOPHONTEM profitetur, optime rempublicam administrari ab iis, qui sunt scientia rerum instructi. Sic. *MEMORABIL.* Lib. III. c. 3. n. 9. p. 108. ed Cel. ERNESTI, *Ἐκεῖνο μὲν δήπου οἶσθα, ὅτι ἐν παντὶ πράγματι οἱ ἄνθρωποι τούτοις μάλιστα ἐθέλουσι πείθεσθαι, οὓς ἂν ἡγῶνται βελτίστους εἶναι, ibidem* c. 6. n. 17. p. 128, *Καὶ, ὡς ἐγὼ νομίζω, εὑρήσεις ἐν πᾶσιν ἔργοις, τοὺς μεν εὐδοκιμοῦντας τε καὶ θαυμαζομένους ἐκ τῶν μάλιστα ἐπισταμένων ὄντας, τοὺς δὲ κακοδοξοῦντας τε καὶ καταφρονουμένους ἐκ τῶν ἀμαθεστάτων* et Lib. IIII. c. 4. n. 15. p. 186, *τῶν δὲ αρχόντων ἐν ταῖς πόλεσιν οὐκ οἶσθα, ὅτι οἵτινες ἂν τοῖς πολίταις αἰτιώτατοι ὦσι τοῦ τοῖς νόμοις πείθεσθαι, οὗτοι ἄριστοί εἰσι*; add. Lib. IIII. c. I, n. 4. seg.

Eadem mente Glauconem Platonis fratrem a capessenda republica avertit, quippe rudem ignarumque rerum apud XENOPHONTEM, *Memorabil.* Lib. III, C. 6. Charmidem contra ad capessendam rempublicam cohortatus est, quia ad hanc rem suscipiendam maxime erat idoneus apud eundem, *d.l.* cap. 7; add. DIOGENES LAERTIUS, Lib. II, segm. 29. seq. Hinc ridet electionem magistratuum per fabas, apud XENOPHONTEM, *Memor.* Lib. I. c. 2, n. 9, p. 10. vid. MAXIMUS TYRIUS, *d.l.* p. 409. et ad eum IOHANNES DAVISIUS. Atque hic quidem obiter monere liceat, eos, qui Pythagorae symbolum *κυάμων ἀπέχεσθαι*, de fugienda reipublicae administratione interpretantur, temporis in primis rationibus refelli, quandoquidem mos ille per fabas eligendi magistratus aetate Pythagorae nondum Athenis invaluerat. Popularis imperii odium in Socrate satis etiam probat nobile illud constantissimae mentis documentum, quod tum edidit, quum noluit favere populo contra leges praetores, qui navali praelio interemtos non sustulerant, damnaturo, vid. PLATO, *Apolog.* p. 25. A. [5] XENOPHON, Lib. 1. Hist. Graec. p. 449. E. [6] et *Memorabil.* Lib. I. c. 1, n. 18. p. 7, ibique Cel. ERNESTI, collega noster honoratissimus. quibus iungantur interpretes AELIANI, *V.H.* Lib. III, cap. 17, p. 235. Atque id ipsum sine dubio respicit LAERTIUS, Lib. II, segm. 24. p. 94, *ἀλλὰ καὶ μόνος ἀποψηφίσασθαι τῶν δέκα στρατηγῶν*, quae verba pessime vertit interpres *solus adversus decem potentissimos duces sententiam ferre ausus est.* Ita enim reddenda sunt, *solus*, contra scilicet populi minas, *absoluit decem praetores.* Quid? quod AELIANUS expresse tradit Socratem Atheniensium statum popularem improbasse, sic enim *d.l.* scribit, *Σωκράτης δὲ τῇ μὲν Ἀθηναίων πολιτείᾳ οὐκ ἠρέσκετο. τυραννικὴν γὰρ καὶ μοναρχικὴν ἑώρα τὴν δημοκρατίαν, καὶ διὰ τοῦτο οὔτε ἐψήφισεν Ἀθηναίοις τὸν τῶν δέκα στρατηγῶν θάνατον.*

Quamobrem non video quo iure DIOGENES, Lib. II, segm. 24, Socratem appellet *δημοκρατικὸν*. nam quae ad hanc probandam affert facta, contrarium plane evincunt, nisi forte credamus, *δημοκρατικὸν* illum etiam dici, qui populo resistere audet. Quae quidem omnia declarant, Socratem popularis imperii fautorem non fuisse maxime propter illam sententiam, qua omnis ipsius nititur de republica doctrina, neminem nisi sapientem rem bene gerere posse. Ex qua etiam honoribus dignos tantum modo existimat *τοὺς εἰδότας τὰ δέοντα, καὶ ἑρμηνεῦσαι δυναμένους* apud XENOPHONTEM, *Memorabil.* Lib. I, c. 2, n. 52. p. 22.

III. Contra ea Socrati paucorum imperium probatum fuisse, cum alia, tum in primis declarat intima, quam cum optimatibus coluit, consuetudo, Theramenes unus ex XXX. a THUCYDIDE, Lib. VIII, c. 89 [7], inter eos primus fuisse dicitur, qui popularem statum everterunt. Atqui hunc tanto amore prosecutus est Socrates, ut, quum Theramenes iussu tyrannorum, quibus se opposuerat, in carcerem per forum duceretur, Socrates ipsi cum duobus familiaribus succurreret, quemadmodum refert DIODORUS SICULUS Lib. XIIII, p. 397, C. [8]. Quis nescit, Critiam

[5] [Plat. *Apol.* 32b]
[6] [Xen. *Hell.* I VII]
[7] [Diodor. Sic. XIV 5, 1-3]
[8] [Thuc. VIII 68, 4]

XXX, tyrannorum principem ac crudelissimum fuisse? *Κριτίας μὲν γὰρ*, inquit XENOPHON, *Memorab.* Lib. I. c. 2, n. 12. *τῶν ἐν τῇ ὀλιγαρχία πάκτων πλεονεκτίστατός τε καὶ βιαιότατος ἐγένετο.* cum quo tamen, ut ex eodem Xenophonte hinc inde manifestum est, familiarissime vixit Socrates. Alcibiadem vero a Socrate vehementissime amatum praeter alios tradit CORNELIUS, *in vita eius*, cap. 2. atque hunc ipsum Alcibiadem non a partibus stetisse populi, exinde pater, quod tyrannidis suspectum habuerunt cives. THUCYDIDES, Lib. VI. c. 15 [9], *φοβηθέντος γὰρ αυτοῦ οἱ πολλοὶ τὸ μέγεθος, τῆς τε κατὰ τὸ ἑαυτοῦ σῶμα παρανομίας εἰς τὴν δίαιταν, καὶ τῆς διανοίας, ὧν καθ' ἕκαστος ἐν ὅτῳ γίγνοιτο ἔπρασσεν, ὡς τυραννίδος ἐπιθυμοῦντι πολέμιοι καθέστασαν.*

Quum igitur illi, qui familiarissimi fuerunt Socratis, populare imperium vel everterunt, vel evertere conati sunt, eiusdem Socratem sententiae fuisse quis negabit? Praesertim quum veri sit simillimum, hanc opinionem viris gloriae cupidissimis a praeceptore et amico intimo instillatam fuisse. vid. XENOPHON, *Memorabil.* Lib. I. c. 2, n. 39, p. 19, ubi Critias et Alcibiades *πολιτικὰ* a Socrate hausisse dicuntur, et *ibidem* n. 16 propter *πολιτικὰ* Socratis familiaritatem expetiisse.

IV. At invisus fuit Socrates XXX tyrannis. qui si paucorum dominatui favisset, honore potius ab ipsis affectus fuisset. Verum est, hos tyrannos eo odii in Socratem progressos esse, ut ipsi interdicerent, iuvenibus doctrinam tradere et eloquentiae praecepta. XENOPHON, *Memorabil.* Lib. I, c. 2, n. 33. p. 17. Is tamen multum falleretur, qui propter ea Socratem minus acceptum XXX tyrannis crederet, quod imperio tenuerunt Athenas. Aliae omnino caussae fuerunt. Critiam tyrannorum principem Socrates olim sibi amicissimum eo in se concitarat, quod improbarat amorem, quo deperibat Euthydemum, et cum aliis multis praesentibus, tum ipso Euthydemo dixerat, *ὅτι ὑικὸν δοκοίη πάσχειν ὁ Κριτίας ἐπιθυμων, Εὐθυδήμῳ προσκνᾶσθαι, ὥσπερ τὰ ὑίδια τοῖς λίθοις* apud XENOPHONTEM, *Memorabil.* Lib. I. c. 2. n. 30, qui n. 31. ita pergit, *ἐξ ὧν δὲ καὶ ἐμίσει τὸν Σωκράτην ο Κριτίας, ὥστε καὶ, ὅταν τῶν τριάκοντα νομοθέτης μετὰ Χαρικλέους ἐγένετο, ἀπεμνημόνευσεν αὐτῷ, καὶ ἐν τοῖς νόμος ἔγραψε λόγων τέχνην μὴ διδάσκειν.*

[9] [Thuc. VI 15, 4]

Itaque dissidium inter Critiam et Socratem non est ortum ob imperium, quod cum reliquis principibus gerebat, sed propter amorem minus honestum, quem in homine sibi amicissimo more suo vituperabat. Quemadmodum vero mihi non est dubium, quin Socrati cum XXX. tyrannis optime convenerit, qua imperium quo erat paucorum, vid. PLATO, *Apol.* [32b] sic nulla alia re abalienatus ab ipsis esse videtur, nisi factis, quae patrarunt, crudelibus, et ab optimatium moribus quam longissime remotis. Perspicuum hoc est, *ἐκ τοῦ μὴ εἶξαι τοῖς περὶ Κριτίαν κελεύουσι Λέοντα τὸν Σαλαμίνιον, πλούσιον ἄνδρα, ἀγαγεῖν πρὸς αὐτούς, ὥστε ἀπολέσθαι* verba sunt LAERTII, Lib. II, segm. 24 addatur PLATO, *d.l.* qui rem uberius exponit. Quocirca Socrates hactenus dissensit a XXX tyrannis, quoad contra ius egerunt, et vim in homines exercuerunt; in reliquis vero ab ipsorum stetit partibus. XENOPHON, *Memorabil.* Lib. IIII, c. 4. n. 3, p. 182, *καὶ ὅτι τριάκοντα προσέταττον αὐτῷ παρὰ τοὺς νόμους τι,οὐκ ἐπείθετο.* Eodem spectat AELIANUS, *H.V.* Lib. III, cap. 17, p. 235, *οὐδὲ τοῖς τριάκοντα ἐκοινώνει τῶν ἀσεβημάτων.* Et sane nisi Socratem, qui summae existimationis erat Athenis, sibi imperium exercentibus studentem habuissent XXX. isti, nihil sine dubio fecissent reliqui ad virum, quem omnium sibi maxime timendum non ignorabant, e medio tollendum eadem ratione, qua grassati sunt in optimum quemque Atheniensium vid. AELIANIS, *V.H.* Lib. II, cap. 11, p. 90 et DIOGENES LAERTIUS, Lib. II, segm. 34, p. 101 quae quum ita sint, quis dubitabit Socratem populare imperium reiecisse, contra optimatum administrationem republicae comprobasse?

V. His, quae praemittenda nobis omnino erant, explicatis, ad caput, rei, atque ipsam Socratis accusationem convertimur. Ex PLATONE constat, duplicem factam esse Socratis accusationem, quarum altera his concepta verbis fuit: *Σωκράτης ἀδικεῖ καὶ περιεργάζεται, ζητῶν τάτε ὑπὸ γῆν καὶ τὰ ἐπουράνια, καὶ τὸν ἥττω λόγον κρείττω ποιῶν, καὶ ἄλλους ταῦτα διδάσκων.* vid. PLATO, *Apolog.* p. 15. D. [10] alteram vero his verbis memorat XENOPHON, *Memorab.* Lib. I, c. 1, n. 1, *ἀδικεῖ Σωκράτης, οὓς μὲν ἡ πόλις νομίζει θεούς, οὐ νομίζων, ἕτερα δὲ καινὰ δαιμόνια εισφέρων. ἀδικεῖ δὲ καὶ τοὺς νέους διαφθείρων* ex quibus

[10] [Plat. *Apol.* 19b]

apparet, tria potissimum obiecta Socrati fuisse I) *τὸν ἥττω λόγον κρείττω ποιῶν* II) *οὓς μὲν ἡ πόλις νομίζει θεοὺς, οὐ νομίζων, ἕτερα δὲ καινὰ δαιμόνια εἰσφέρων* III) *τοὺς νέους διαφθείρων*. eadem accusationis capita narrant AELIANUS *H. V.* II, 13, p. 98. seq. et MAXIMUS TYRIUS *dissert.* VIII. p. 90. Ac forsitan singula crimina singuli accusatores Socrati intenderunt, qui fuerunt Anytus, Lyco, ac Melitus, quorum hic poetarum, ille oratorum, iste denique opificum et reipublicae ministrorum caussam egisse traditur. vid post Xenophontem LAERTIUS Lib. II, segm. 39, p. 104.

VI. Quod ergo ad primum crimen Socrati obiectum attinet, quo dicitur *τὸν ἥττω λόγον κρείττω ποιῶν*, accusatus hoc ipso fuit de perverso eloquentiam docendi genere siquidem haec verba nihil aliud sonant, nisi ut habet QUINCTILIANUS, *Inst. Orat.* Lib. II, cap. 16, peiorem caussam meliorem facere. Sophistis hoc proprium fuisse cum aliunde, tum ex GELLIO constat, qui *Noct. Attic.* Lib. V, c. 3, de Protagora: *Pecuniam quippe*, inquit, *ingentem quum a discipulis acciperet annuam, pollicebatur se id docere, quanam verborum industria caussa infirmior fieret firmior, quam rem Graece ita dicebat, τὸν ἥττω λόγον κρείττω ποιεῖν*. vid. PERIZONIUS, *ad Aelianum V.H.* p. 98 quam rationem disserendi inter mendacia refert, et in nulla arte, nisi in rhetorica et contentiosa locum habere pronuntiat ARISTOTELES, *Rhetor.* Lib. II, c. 24, in fine. Sed hoc accusationis momentum mittimus, quia huius criminis mentio sit nulla in altera accusatione, quae Socrati capitis supplicium contraxit, quod ea de caussa ab adversariis neglectum videtur, quod non *πολιτικόν*, sed mere *φιλοσοφικόν* erat.

VII. Res igitur omnis ad altera duo capita accusationis redit. quorum unum est, *οὓς μὲν ἡ πόλις νομίζει θεοὺς, οὐ νομίζων, ἕτερα δὲ καινὰ δαιμόνια εἰσφέρων*. Quae verba simpliciter accipi non posse exinde cohigitur, quod ipse Socrates apud XENOPHONTEM, *Apolog.* [24] E. a se cultum memorat Iovem et Iunonem et XENOPHON, *Memorabil.* Lib. I, cap. 1, n. 2, expresse de eodem tradit, *θύων τε γὰρ φανερὸς ἦν, πολλάκις μὲν οἴκοι, πολλάκις δὲ ἐπὶ τῶν κοινῶν τῆς πόλεως βωμῶν*, quae prout in dubium non facile vocanda existimo, sic nemo facile credet, accusatores eo impudentiae processisse, ut Socratem insimularent criminis quod omnes sciebant falsissimum esse. Huc accedit, quod Socrates moribundus amicis praecipit, ut gallum Aesculapio sacrificent apud PLATONEM, *Phaed.* Unde alio omnino spectat accusatio. Nam licet Socrates apud LUCIANUM, *vit. auct.* [16], per canem et platanum iuret, idque TERTULLIANUS, *Apolog.* c.14, in contumeliam Deorum ab ipso factum scribat, tamen a populo ob hoc ipsum vix damnatus videtur, cui satis esse poterat, Socratem cultu publico, ut audivimus, Deos venerari. PERIZONIUS, vir doctissimus, *ad Aelianum V.H.* Lib. II, c. 13, p. 99, haec verba interpretatur ex doctrina Platonicorum de daemonibus, qui a Deo distinguebantur, quae quidem sententia probari posset, nisi id, quod diximus, obstaret. Neque enim adduci possunt, ut credam, Socratem, virum animi fortissimi eos Deos publice dicis caussa coluisse, quos pro Diis non habuisset. Tum vero illi ipsi, qui ex antiquis defensionem Socratis susceperunt, non dissimulant, philosopho nostro cum primis obiectum fuisse, quod Homerum, Hesiodum, aliosque poetas qui divinae apud populum auctoritatis erant, passim reprehenderit. Sic ut XENOPHONTEM, *Memorabil.* Lib. I, c. 2, n. 56. p. 23, taceam, apud LIBANIUM, *Declamat.* XXIX. p. 652. *D.* [11] legitur Ἡσιόδου ἔπη καὶ Θεόγνιδος καὶ Ὁμήρου καὶ τῶν Πινδάρου μελῶν, interpres ita, *Hesiodi versus carpit et Theognidis et Homeri et quaedam Pindari cantica*, quo in loco quoniam in Graeco verbum desideratur, quod recte quidem in interpretatione addidit Marcilius, licet Graece non addiderit, suppleri non incommode poterit ex LAERTIO, Lib. II, segm. 39, p. 104, οὓς ἅπαντας ὁ Σωκράτης διέσυρε. Interim notissimum est, omnem veterum Theologiam in poetis constitisse. Quando igitur Socrates poetas dicitur et arguitur reiecisse, hoc ipso maximum impietatis crimen ex sententia veterum imputatum eidem fuit. Iam vero ex CICERONE, *de nat. Deor.* Lib. I, c. 42, scimus fuisse, *qui dixerunt, totam de diis immortalibus opinionem fictam esse ab hominibus sapientibus reipublicae caussa, ut, quos ratio non posset, eos ad officium religio duceret.* Idem discimus ex LACTANTIO, *de ira Dei*, c. 10, *Falsa est et illa sententia, qua putant terroris ac metus gratia religionem a sapientibus institutam, quo se homines imperiti a peccatis abstinerent; quodsi verum sit, ergo derisi ab antiquis sapientibus sumus; quodsi fallendi nostri*

[11] [Liban, *Declam* I, *Apol. Socrat.* 62]

atque adeo totius generis humani caussa commenti sunt religionem, sapientes igitur non fuerunt, quia in sapientem non cadit mendacium. Atque Euripides apud PLUTARCHUM, *de placitis philosophorum*, Lib. I. cap. 7, p. 880, *E*, legibus ait positis iniustitiam fuisse repressam. Quae quum aperta possent flagitia prohibere, multi autem occulte scelera perpetrarent, tum quendam callidum virum prodiisse, qui docuerit veritati tenebras mendacio offundendas, hominibusque persuadendum esse, *ὡς ἔστι δαίμων ἀφθίτῳ θάλλων βίῳ, ὃς ταῦτ' ἀκούει καὶ βλέπει, φρονεῖ τ' ἄγαν.*

Quod, sit perenni vita aliquis vigens Deus, Qui cernat ista, et audiat atque intelligat. Unde apud eundem PLUTARCHUM, *de Socratis genio* p. 579. seq. [12] nonnulli, ut diis cari et singulari praediti virtute viderentur, divinitatem quandam suis actionibus affinxisse, somniis, spectris, et id genus aliis lepide excogitatis et amplificandi gratia adiunctis, dicuntur *ὃ πολιτικοῖς μὲν ἀνδράσι, καὶ πρὸς αὐθάδη καὶ ἀκόλαστον ὄχλον ἠναγκασμένοις ζῆν, οὐκ ἄχρηστον ἴσως ἐστὶν, ὥσπερ ἐκ χαλινοῦ τῆς δεισιδαιμονίας πρὸς τὸ συμφέρον ἀντισπάσαι τοὺς πολλούς, quod quidem civilibus viris, et quibus necesse est vitam suam adversus contumacem et dissolutam turbam instituere, fortasse non est inutile, ut superstitione quasi freno multitudinem compescant, et ad utilia torqueant*; quocirca POLYBIUS, scriptor sapientissimus, Lib. VI, c. 54 superstitionem et de diis opinionem non necessariam fore censet, si ex solis sapientibus constitui posset respublica; quum vero omnis multitudo sit levis, effrenae cupiditatis, et ad vim ira praecipiti impellatur, terroribus nec manifestis figmentis vulgus indomitum coercendum esse pronuntiat. nec id quemquam in dubium vocaturum arbitror, qui vel leviter in monimentis veterum historicorum est versatus. Si ergo Socrates hoc nomine delatus est, quod Deos veteres, quos poetae narrant, repudiarit, et imperia apud veteres maximam partem superstitione niti consueverunt, quid Socrati aliud obiectum fuit, nisi crimen maiestatis? Atque id mea quidem sententia in hac accusatione latere videtur. nam supra demonstravi, Socratem in populari imperio et a iudicibus ex populo lectis damnatum esse, praeterea ostendi, Socratem popularis imperii inimicum fuisse. Itaque ubi Socrates veteres Deos negasse, et novos introduxisse arguitur, nihil aliud ipsi hac accusatione crimini datum suspicor, nisi eum populare imperium

[12] [Plutarch. *de gen. Socrat.* 9-12 p. 580b-582c]

reiecisse, et novum, hoc est, paucorum imperium commendasse. Facem, ne quid dissimulem, mihi quodam modo praetulit MAXIMUS TYRIUS *Dissert.* XXXIX. p. 412 [13], *ἡ δὲ Σωκράτους κατὰ Ἀθηναίων γραφή. ἀδικεῖ ὁ Ἀθηναίων δῆμος, οὓς μὲν Σωκράτης νομίζει θεοὺς, οὐ νομίζων. ἕτερα δὲ καινὰ δαιμόνια ἐπεισφέρων. Σωκράτης μὲν νομίζει Ὀλύμπιον τὸν Δία, Ἀθηναῖοι δὲ Περικλέα κ.τ.λ.* Rationes, cur ita sentiam, hae fere sunt. Primum ex iis, quae disputavi copiosius, manifestum esse puto, accusationem hanc proprio sensu accipi non posse, deinde accusatores ideo impietatis crimen praetulisse videntur, quod plebs, cui res erat probanda, nulla re magis movetur, quam superstitione. Praesertim quum Socrati tam in populo, quam maxime inter optimates per quam multi amici essent, qui, nisi impietatis caussa ageretur, Socratem vel invito populo servare potuissent. Denique clarissimis omnino verbis scriptores memorant, Socratem vel maxime maiestatis laesae, hoc est, criminis contra imperium, quod tunc erat populare, accusatum fuisse, quae res quoniam in ipsa accusatione dilucide non defertur, quaerenda omnino in obiecto crimine impietatis videtur. XENOPHON, *Memor.* Lib. I, c. 2, n. 9, *τοὺς δὲ τοιούτους λόγους ἐπαίρειν ἔφη τοὺς νέους καταφρονεῖν τῆς καθεστώσης πολιτείας, καὶ ποιεῖν βιαίους.* LIBANIUS *d.l.* p. 650. D. [14]. *μισόδημος ἐστι· καὶ τοὺς συνόντας πείθει τῆς δημοκρατίας καταγελᾷν. λόγον συνθεὶς ἀνέγνω τοῖς ἑταίροις κατὰ τῆς δημοκρατίας.* apud eudem p. 647. C. [15]. Socrates dicitur p. 649. B. [16]. *διορύττων τὴν δημοκρατίαν, καὶ παρασκευάζων ὀλεθρίους πολίτας, μισῶν τὴν δημοκρατίαν.*

Nec parum nostrae sententiae momenti affert id, quod supra iam docuimus, Socratem reprehendisse creationem magistratuum per fabas. propterea quod a Solone electio magistratuum per sortem instituta est. quam dum taxavit Socrates, et ipsum populare, quod condidit Solon, imperium destruxisse censendus est. Ceterum ex his ipsis simul apparet, accusationem illam de negatione veterum Deorum, et commendatione novorum non sensu philosophico, sed politico accipiendam esse.

[13] [Maxim. Tyr. *philos.* III, 8]
[14] [Liban. *Declam.* I, *Apol. Socrat.* 53]
[15] [Liban., *cit.* 41]
[16] [Liban., *cit.* 48]

VIII. Ultimum restat crimen, quod Socrati obiecerunt adversarii his verbis conceptum, *τοὺς νέους διαφθείρων*. qua quidem in criminatione Plato pariter ac Xenophon a Socrate amolienda multi omnino sunt, et copiosius probant, Socratem a vitiis secum versantes iuvenes avocasse, contra ad virtutem summo opere incendisse nec animus est rem hanc in dubium vocare, quod non sum nescius Socratis philosophiam in primis moralem fuisse. At quando accusatores a Socrate corruptos iuvenes criminati sunt, et in iudicio contenderunt, non sane de morali philosophia id intellectum voluerunt, quippe quae foro non est propria, sed hoc ipso perversae de imperio opinionis ac doctrinae, quam iuvenibus instillaret, sine dubio postularunt. Socrates filios parentibus a se fieri sapientiores dictitabat; quae si cum XENOPHONTE, *Memorabil.* Lib. I, c. 2, n. 50 de scientia et eruditione generatim explicantur, nullum profecto crimen in se continent. At vero si speciatim de administratione reipublicae capiantur, et cum iis comparentur, quae apud XENOPHONTEM, *Memorab.* Lib. III, c. 3, n. 9, leguntur, ubi homines iis libentissime obsequi dicuntur, qui sunt sapientissimi, hac sane doctrina iuvenes contra imperium populi, omnium nempe ignarissimi, armavit, ac plane *τυραννικούς*, ut *d.l.* Lib. I, c. 2, n. 56, arguitur, hoc est, popularis imperii hostes effecit. Nam quemadmodum sapientiae famam ex oraculo Delphico habebat, sic et auditoribus persuadebat, ut sibi magis, quam parentibus ignari obsequerentur. Obiicit hoc ipsi Melitus apud XENOPHONTEM, *Apol.* p. 704 E et id ipse ambabus, quod aiunt, manibus largitur. nonne igitur se maiestatis crimine obstrinxit, quando parentes, qui tunc rempublicam tenebant, ignaros adeoque reipublicae gerendae ineptos docuit? Nam in omni accusatione Socratis diligenter distinguendum est *τὸ πολιτικόν* et *τὸ φιλοσοφικόν*. Accusatus vero fuit non qua philosophus, sed qua civis; unde patet, Platonem ex Xenophontem, qui Socratem qua philosophum defenderunt, rem alienam egisse, quum qua civis defendendus fuisset; nam praecipue quoque tractavit *πολιτικά* vid. XENOPHON, *Memorab.* Lib. I, c. 1, n. 16, p. 7.

IX. Itaque rationibus subductis ita statuo, Socratem maiestatis reum a populo habitum, adeoque ob crimen gravissimum iuste damnatum capitis esse. Et quamvis Plato et Xenophon praeceptoris caussam omni modo defendere, Socratemque excusare et innocentem probare studuerunt, tamen ex horum ipsorum scriptis diligenter inter se collatis non obscura peti testimonia possunt, quibus Socrates maiestatis reus convincitur. PLATO, *Apolog.* p. 16, seqq. [17] veram, cur accusatus et damnatus fuerit Socrates, caussam in eo ponit, quot non solum ab oraculo Delphico, sed et ab ipsis Atheniensibus *σοφός* seu sapiens prae ceteris appellatus fuerit, nec ipse Socrates hoc se nomine iactare et reliquis anteponere dubitarit. Scio equidem, Platonem contendere, Socratem proterea omnium sapientissimum dictum fuisse, quod se nihil scire sciverit id quod reliqui mortales maximam partem ignorarent. Sed gratificatus hac in parte praeceptori et veram, quam alibi prodidit, caussam dissimulasse videtur. Neminem ego Graecarum litterarum adeo rudem existimo, quin sciat, illos antiquissimis temporibus *σοφούς* seu sapientes fuisse nuncupatos, qui *πολιτικοί* erant, hoc est, rei publicae gerendae periti. Atqui hoc sensu et ab oraculo Delphico et a se ipso Socratem vocatum esse *σοφόν* et sapientem, cum alii scriptores, tum in primis Plato, vel si mavis, ipse Socrates dilucide testatur, apud PLATONEM, *Gorg.* p. 355, C [18] *οἶμαι μετ' ὀλίγων Ἀθηναίων, ἵνα μὴ εἴπω μόνος, ἐπιχειρεῖν τῇ ὡς ἀληθῶς πολιτικῇ τέχνῃ, καὶ πράττειν τὰ πολιτικὰ μόνος τῶν νῦν.* vid. omnino XENOPHON, *Memorabil.* Lib. III, c. 9, n. 4, seqq. et Lib. IIII, c. 6, n. 7 unde apparebit, *σοφόν* eodem sensu ab Socrate acceptum fuisse; quibus si iungantur, quae supra disputavimus, ex mente Socratis regere rempublicam posse neminem, nisi sapientem, nemo, opinor, nobiscum non faciet, statuetque Socratem populare imperium in sermonibus, quos cum familiaribus et auditoribus habuit, reprobasse, iuvenes ad rectiora, quam quae parentes adeoque populus faciebant, peragenda excitasse, hoc ipso maiestatis crimine se obstrinxisse et iuste tandem capitis damnatum esse. De mortis genere, videantur, quae diximus in dissertatione *de cicuta Atheniensium poena publica* [19].

* * *

Atque haec quidem cum aliis, tum TIBI, VIR CLARISSIME, de Socrate in praesenti sufficient. TU vero illam, quam hodie TUO

[17] [Plat. *Apol.* 20a-21a]
[18] [Plat. *Gorg.* 521d]
[19] [Lipsiae, 1734]

merito accipis, dignitatem certissimum augurium maiorum, quibus scientia TUA est dignissima, praemiorum capies, quod hoc minus dubitare TE volo, quo ardentiori animi religione Deum immortalem precor, ut hos collatos honores TIBI fortunatos esse iubeat, ne de dignitatis TUAE accessionibus et Illustri Parenti ex animo laetandi, et mihi toto pectore gratulandi in posterum desit occasio. Vale. Dabam Lipsiae a.d. XI Kalend.

Mart. MDCCXXXVIII

PREMIER MEMOIRE SUR PLATON

*Caractère de la Philosophie Socratique**

Par M. L'Abbé Garnier

Plusieurs Académiciens[1*] célèbres ont déjà écrit sur Platon; mais en se proposant d'éclaircir la doctrine de ce Philosophe, ils ne se sont point mis en peine de le justifier des reproches qu'on a coutume de lui faire, soit qu'ils jugeassent que Platon n'avoit besoin que d'être entendu pour être goûté, soit qu'ils crussent qu'on ne pouvoit, sans une sorte d'indécence, employer le style de l'apologie en faveur d'un Ecrivain qu'il n'est pas même permis[2*], suivant la remarque d'un Ancien, à toute sorte d'hommes de louer. On ne peut sans doute qu'applaudir à ces sentimens, et j'aurois été le premier à m'y conformer, si l'utilité publique ne devoit pas l'emporter sur toute autre espèce de considération: mais comme il est impossible de se dissimuler que Platon est peu lû de nos jours, et qu'il a quelquefois essuyé des critiques de la part de ceux qui avoient entrepris de le lire; j'ai cru qu'il seroit utile d'en rechercher les causes, et d'imiter la conduite de Platon lui-même, qui, avant que d'enseigner aucune vérité, commence par écarter tous les obstacles qui pourroient s'opposer à son dessein. Il ne faut pas d'ailleurs s'imaginer que ceux qui n'ont pas toujours approuvé Platon aient tous été de beaux esprits, superficiels et ignorans: on trouve dans cette liste des noms respectables, un Aristote, un Epicure, un Denys d'Halicarnasse, un Bruker, auteur moderne qui a beaucoup écrit sur l'ancienne philosophie. p. 137

On peut ranger sous trois classes les reproches que l'on fait à Platon; le premier et le plus ancien, c'est d'avoir altéré / la philo- p. 138

* Lû le 30 Juillet 1761.
1* M.rs Massieu, Fraguier et Sallier.
2* ἀνδρὸς ὃν οὔτ' αἰνεῖν τοῖσι κακοῖσι θέμις.

sophie de Socrate, soit en y mêlant des doctrines étrangères et incompatibles, soit en répandant du doute et de l'incertitude sur les principes lumineux de la morale; le second regarde la forme des dialogues, qui est, dit-on, confuse, embarrassée, pleine de longueurs et de redites: on blâme encore l'inégalité du style, qui tantôt est simple jusqu'à la bassesse, et tantôt hardi jusqu'à l'enthousiasme. Enfin on lui reproche l'abus de la dialectique; il fait raisonner son Socrate avec plus de subtilité que de force; il n'est pas assez délicat sur le choix des preuves, et en combattant les sophistes, il n'est souvent lui-même qu'un sophiste plus raffiné et plus adroit. L'examen de tous ces reproches produira une suite de dissertations, dans lequelles je me propose moins de faire l'éloge ou l'apologie de Platon, que de donner une introduction à la lecture de ses ouvrages. Je me borne aujourd'hui à l'examen du premier chef d'accusation; il faut commencer par l'exposer dans tout son jour.

Platon s'étoit d'abord livré à la Poësie: né avec une imagination brillante et un génie pliant et facile, il avoit tout ce qu'il falloit pour y réussir; mais désespérant, dit-on, de jamais égaler Homère, il abandonna cette carrière, pour en suivre une dans laquelle il se promettoit de disputer la palme avec plus d'avantage[3*]. La Philosophie commençoit à fixer les regards de la Grèce: Socrate ne pouvoit, malgré ses efforts dérober son nom à la renommée. Platon s'attacha à lui et se livra tout entier à la Philosophie; mais comme il est très difficile, et peut-être impossible, de forcer entièrement la Nature, il ne cessa point d'être Poëte en devenant Philosophe. La fiction, qui est l'ame de la poësie, vint animer ses dialogues, dans lesquels il affecta de ne point se laisser apervecoir, substituant toujours à sa place Socrate son maître et son héros; cependant on reconnut aisément qu'il lui prêtoit ses propres pensées, et un lecteur un peu versé dans l'histoire de la philosophie ancienne, n'a pas de peine à distinguer ce qui est véritablement de Socrate d'avec toutes les idées singulières que son disciple lui
p. 139 prête. Socrate, dit-on, fut le premier à / se plaindre de cette licence[4*]: *Dieux*, dit-il, en entendant la lecture du *Lysis, comme ce jeune homme en impose sur mon compte.* Gorgias et Protagore ayant eu connoissance des dialogues qui portent leur nom, se

3* Diog. Laërt. in *Plat.* [III, 5].

4* *Ἡράκλεις ὡς πολλά μου κατεψεύδεθ ὁ νεανίσκος*. Diog. Laërt. in *Plat.* p. 78, edit. Lond. [III, 35].

contentèrent de dire que l'*auteur etoit un satyrique habile; mais que pour eux ils ne se souvenoient pas de s'être jamais trouvé à un pareil entretien*[5*]. On a remarqué pareillement que quelques-uns des personnages que Platon met aux mains avec Socrate, ne pouvoient s'être rencontrés avec lui: enfin Xénophon dit positivement que Socrate ne s'occupoit que de la morale, et que ceux qui lui prêtent de longs raisonnements sur la Nature, en imposent visiblement. L'on ne doute point que dans ce passage il n'ait eu en vue Platon, qui attribue à Socrate de pareils entretiens; on appuye tous ces témoignages sur des circonstances particulières de la vie de Platon. On sait qu'après la mort de Socrate il alla puiser dans l'école de Cratyle les principes de la philosophie d'Héraclite[6*]; que delà il passa en Italie, pour conférer avec les Pythagoriciens, d'où il se transporta en Egypte, pour s'instruire, par le commerce des prêtres de cette contrée, de tous les secrets de la philosophie barbare. De retour dans Athènes, il forma le projet de fondre, pour ainsi dire, toutes ces matières hétérogènes, et d'en former un nouveau système de philosophie[7*]: mais comme elles ne pouvoient se lier ensemble, et que les principes d'une secte détruisoient ceux de l'autre, il crut sauver les contradictions qui naîtroient de leur assemblage, en couvrant des voiles du doute toutes les connoissances humaines, et en renversant tout sans jamais rien établir. On sent ce qui dut résulter de cette conduite; une obscurité souvent impénétrable, des raisonnements sans fin sur des principes incertains et mal assurés, des lueurs qui ne brillent un moment à nos yeux que pour nous replonger dans des ténèbres plus épaisses. Xénophon, ajoute-t-on, est bien différent; comme il se contenta de la doctrine de Socrate, il en a exposé les principes avec précision / et clarté: il présente les plus grandes p. 140
vérités avec cette simplicité qui en est le plus bel ornement: enfin il ne laisse aucun doute dans l'esprit, qui trouve dans ces écrits une nourriture solide et délectable. C'est pourquoi ceux qui désirent de connoître le vrai Socrate, doivent s'attacher à cet auteur, et n'admettre le témoignage de Platon, que dans les endroits où il s'accorde avec lui. C'est le conseil que nous donne

5* Athen. Lib. XI. p. 505. Id. Lib. V. p. 187; Macrob. *Saturn.* lib. I, c. 1.

6* Diog. Laërt. in *Plat.* [III, 6].

7* *Auctor. epist. ad Aeschin. inter oper. Xenoph.* p. 101, edit. Wech. [v. Diog. Laërt. III, 8].

le docte Bruker, et qu'il a pratiqué lui-même, dans son histoire critique de la Philosophie[8*]: *Quia majorem fidem mereri Xenophontem demonstravimus, rejecto, nisi concordet, Platone ad priorem illum potissimum in delineanda philosophia Socratis respiciemus* etc. Telles sont les preuves dont on se sert pour prouver que Platon a altéré la doctrine de Socrate. Pour les apprécier selon leur juste valeur, et y répondre d'une manière satisfaisante, il est nécessaire, avant tout, de bien fixer l'idée qu'on doit se faire de ces mots, *conserver* et *altérer* une doctrine quelconque.

Deux sortes d'hommes se sont particulièrement occupés du bien public, et ont travaillé à perpétuer leur doctrine, les Législateurs et les Philosophes. Les premiers, qui avoient affaire à un peuple inconsidéré, crédule, incapable de raisonnement et ami du merveilleux, ont employé, pour le persuader, les moyens les plus propres à faire une grande impression sur de pareils esprits. Ainsi, sans trop s'arrêter à prouver la verité et la bonté de leurs établissements, ils ont ordinairement introduit sur la scène quelque divinité, dont ils se sont établis les ministres et les organes. Non contens de graver ses oracles sur le bronze, et d'enchaîner par des sermens solennels ceux qu'ils vouloient rendre obéissants; ils ont armé, pour la garde de leur dépôt, deux passions tyranniques, l'espérance et la crainte. Au reste en défendant, sous les peines les plus sévères, toute espèce d'altération dans leurs loix, ils ont ordinairement établi un ordre de Magistrats pour les interpréter. Ils ont exigé que le texte demeurât sacré; ils ont seulement permis les commentaire.

Les Philosophes, au contraire, qui n'avoient affaire qu'à des
p. 141 hommes choisis, et dont ils pouvoient se faire entendre, / n'ont point employé d'autre moyen, pour persuader, que la conviction. Jamais ils n'ont exigé qu'on les en crût sur leur parole, et ils ont toujours été moins curieux de communiquer leurs découvertes, que d'en faire de nouvelles. Les principes de leur doctrine n'ont été, pour ainsi dire, qu'un fil, dont ils vouloient que leurs disciples s'aidassent, pour marcher plus sûrement dans le chemin des découvertes, en suivant les mêmes sentiers qu'il avoient déjà reconnus. On ne devient point ont-ils dit, philosophe comme

8* Jacob. Brucker, *Hist. Philos.* t. I, p. 523.

Héraclite ou Anaxagore, ni disciple de ces grands hommes[9*] en apprenant simplement leurs dogmes: il faut être animé du même génie, saisir avec la même pénétration le rapport des objets, raisonner avec la même force, et, en marchant sur leurs traces, ajouter quelque chose à leur doctrine. C'est ainsi que Théophraste a été disciple ou sectateur d'Aristote, Métrodore d'Epicure, Chrysippe de Zénon. Aucun d'eux ne s'est contenté de recueillir simplement la doctrine de son maître; tous ont tâché de l'étendre et de l'enrichir par de nouvelles découvertes.

En quoi ferons-nous donc consister la conservation proprement dite en matière de philosophie, et à quel titre mérite-t-on le nom de disciple ou de sectateur? Ce n'est point, comme on vient de le voir, en regardant avec un saint respect les dogmes d'un maître, sans oser les discuter et en examiner le fondement. Cette méthode ne convient qu'à la législation. Ainsi l'*αὐτὸς ἔφα* de l'école Pythagorique, ou ne s'introduisit que sur son déclin, ou s'il fut un de ses principes constitutifs, c'est qu'alliant la législation à l'étude de la philosophie, elle appliqua malheureusement à l'une ce qui ne convenoit qu'à l'autre; et ce fut probablement une des causes qui accélérèrent le plus sa décadence. Les vrais Philosophes commençant par affranchir l'ame de toute sorte de préjugés, n'ont eu garde de vouloir l'abattre par le poids de leur autorité. Lorsque ceux qui s'attachoient à ceux crurent, après un long examen, qu'ils / devoient adopter les mêmes principes fondamentaux, et suivre p. 142
la même manière de philosopher, ils furent nommés sectateurs. Si, au contraire, la réflexion leur faisoit découvrir quelque défaut dans la doctrine de leurs maîtres, ou si une trempe d'esprit différente les portoit à une autre manière de philosopher, alors ils se frayoient une nouvelle route, et devenoient eux-mêmes chefs de secte.

Ainsi il y a deux choses auxquelles on doit faire attention, pour juger si un philosophe a conservé la doctrine de son maître et d'où dépendent par conséquent la *conservation* ou l'*altération* en matière de philosophie: les principes fondamentaux de sa doctrine, et ce que nous nommerons ici sa manière de philosopher. Chaque secte a eu la sienne, et elles ne différoient pas moins par ce côté que par les dogmes; l'une affectant de l'enjouement et de l'aménité, l'autre de la subtilité et de la force: celle-ci de la joie et du mystère,

9* Arrian. *Epict.* [*Diss.*] lib. III, c. 21.

celle-là de l'aigreur et de l'audace. Un exemple rendra ce que je dis plus sensible: je le tire de la secte des Cyniques. Antisthène en fut le fondateur; Diogène, Cratès et Ménippe les principaux sectateurs. Dira-t-on que ceux-ci n'enseignèrent rien que ce qu'Antistène leur avoit appris; que leurs ouvrages ne contenoient rien qui ne se se trouvât dans les siens? cette assertion seroit démentie par le témoignage unanime de toute l'antiquité. En quoi donc se ressembloient-ils? dans les principes constitutifs et fondamentaux de la secte, tels que ceux-ci; que la vertu seule est un bien, le vice un mal: que la santé, la beauté, les richesses, la douleur, la mort sont des choses indifférentes. Que la volupté est poison dangereux: que toutes les sciences et toutes les connoissances humaines, sans la philosophie, sont des amusements puériles, qui ne méritent aucune attention: que la philosophie se réduit à la morale, ou à la science des devoirs. Ils convenoient encore dans leur manière de philosopher au milieu des rues, presque nus, un bâton à la main, aboyant et poursuivant le vice et les vicieux partout où ils les trouvoient, sans ménagement et sans aucune sorte de respect humain. Zénon avoit été disciple des Cyniques,
p. 143 et il conserva tous les principes / de leur morale; mais il n'approuva pas les bornes trop étroites qu'ils donnoient à la philosophie, et le peu de cas qu'ils témoignoient pour toutes les autres connoissances: il n'approuva point non plus leur mendicité, le mépris des bienséances, leur emportement ni leur aigreur. Enfin, en ajoutant à leur morale la logique et la physique, en modifiant quelques-uns de leurs principes fondamentaux, en changeant leur manière, il devint chef d'une nouvelle secte, qui prit le nom de Stoïciens, dans laquelle, cependant, on se plut encore à retrouver un grande conformité avec celle des Cyniques, dont elle descendoit:

.... *Et Stoica dogmata tantum*
A Cynicis tunica distantia 10*

Apliquons ces principes à Platon.

Si ceux qui lui reprochent d'avoir altéré la doctrine de Socrate, veulunt dire simplement que tous les raisonnemens qu'il lui attribue ne sont pas réellement sortis de la bouche de ce Philosophe tels qu'il nous les a transmis; qu'il a souvent mêlé ses propres idées à celles de son maître: ils ont raison, et je ne crois pas que

10* Juven. [*Sat.* XIII, 121-122].

personne s'avise jamais de les contredire. Il n'est pas concevable que sans une mémoire prodigieuse et un défaut total de génie et d'imagination, quelqu'un puisse n'être que l'écho d'un entretien de deux heures de lecture sur des matières de morale qui intéressent tout le monde, et sur lesquels on ne peut guère s'empêcher de prendre parti lorqu'on les entend, à plus forte raison en les écrivant: ainsi l'ironie de Socrate après qu'il eut entendu la lecture du Lysis, en lui donnant même le sens qu'on lui attribue, ne nous apprend autre chose que ce que le bon sens nous dictoit assez; il suffit de savoir que Platon n'étoit pas entièrement dépourvu d'imagination, pour s'imaginer aisément qu'il n'aura pu rapporter un entretien de la nature de celui-ci sans y mêler beaucoup du sien. Je ne crois pas même que Simon[11*], cet ouvrier philosophe qui recueillit le premier les conversations qu'il avoit entendu tenir à Socrate dans la boutique, et qui les mit au jour, ait pu retenir si bien l'ordre / et l'enchaînement des p. 144
entretiens de Socrate, qu'il n'y mêlât rien de son propre fonds; je sais bien du moins que Xénophon, à qui personne ne conteste la fidélité et l'exactitude en ce qu'il rapporte de Socrate, ne s'est point fait de scrupule d'ajouter à ses idées beaucoup de choses qu'il avoit apprises d'ailleurs: citons-en un exemple. Il dit au commencement de l'*Economique*, qu'il tient cet entretien de la bouche de Socrate: *Ἤκουσα δέ ποτε Σωκράτους καὶ περὶ οἰκονομίας τοιάδε διαλεγομένου*[12*]. Or, un peu plus bas, Socrate faisant l'éloge de l'agriculture, cite l'exemple du jeune Cyrus, qui l'avoit fort aimée; il rapporte une conversation qu'il avoit eue à ce sujet avec Lysander en lui montrant ses jardins plantés de sa main: enfin il rapporte des circonstances de la bataille où ce Prince fut tué en combattant contre son frère Artaxercès. Xenophon savoit parfaitement tous ces détails, puisqu'il en avait été un des principaux acteurs; mais il est impossible qu'il les tint de la bouche de Socrate, puisqu'il n'a pu le voir depuis l'expédition de Cyrus. Il faudroit ignorer les privilèges du dialogue pour s'offenser de pareilles libertés. Cicéron[13*] les étend bien plus loin, il croit qu'il suffit, pour la vérité du dialogue, que les discours qu'on prête aux interlocuteurs soient conformes à ce que

11* Diog. Laërt. lib. II, p. 63 [II, 122].
12* Xenoph. *Oecon.* [I].
13* Cicer. *de Amicit.* [v. Thuc. I, 22].

nous connoissons de leur caractère: c'est la conduite qu'il a tenue en ses compositions philosophiques, imitant en cela les sophistes les plus renommés de la Grèce[14*], qui publioient leurs ouvrages sous les noms de Nestor, d'Ulysse et de Palamede. Mais Platon n'est point dans le même cas; il donne presque partout le premier rôle à Socrate, dont il ne s'étoit point séparé pendant bien des années; ses autres interlocuteurs sont, ou des disciples de Socrate, ou bien des auteurs dont il examine les opinions, et dont les ouvrages étoient publics: c'est ce qui nous fournira une réponse à l'objection tirée des plaintes de Gorgias et de Protagore, lorsqu'ils eurent connoissance des dialogues qui portent leur nom. Quoiqu'il soit assez probable que ces sophistes vivant dans Athènes et se donnant continuellement en spectacle, n'ont pu manquer de se
p. 145 trouver / souvent aux prises avec un homme du caractère de Socrate; quoiqu'il soit même prouvé que la jalousie et la vengeance de ces sophistes ont, pour ainsi dire, broyé la fatale ciguë à laquelle il fut condamné: quoiqu'il soit encore très probable qu'ils n'ont refusé d'avouer la vérité de ces entretiens, que parce que cet aveu auroit trop coûté à leur amour propre, cependant en leur accordant plus d'autorité qu'à Platon, et en convenant que ces entretiens ont été supposés et n'ont eu aucun fondement, je dis que même dans cette supposition il resteroit toujours à savoir si les discours qu'on leur prête ne sont pas leurs vrais sentimens et les principes fondamentaux de la doctrine qu'ils avoient publiée dans leurs écrits. Un auteur qui avoue son livre, est censé s'entretenir avec ceux qui le lisent, et n'aura aucun droit de se plaindre tant qu'on ne lui imputera que ses principes et les conséquences nécéssaires et immédiates qui en résultent. Pour accuser Platon avec justice, il ne falloit donc pas s'arrêter à prouver que quelques-uns de ses interlocuteurs n'ont point eu avec Socrate les entretiens qu'on leur prête; il falloit examiner si dans ces entretiens on leur attribue d'autres sentimens que ceux qu'ils ont annoncés dans leurs écrits, dont il nous reste encore des fragmens assez considérables; il falloit prouver, par la comparaison des écrits de Platon avec ceux des autres disciples de Socrate, et de ceux même de ses ennemis, qu'il a quelque fois altéré les vrais principes de son maître, qu'il l'a peint d'une manière infidèle: sans cela, on sera toujours en droit de répondre que Platon en effet n'a point conservé la doctrine

14* Plat. *Phaedr.* [261b].

d'un Législateur, mais qu'il l'a très bien conservée comme doctrine philosophique, ce qui suffit pour le mettre à couvert de toute espèce de reproches.

Mais, dira-t-on, Xénophon atteste et toute l'antiquité dépose que Socrate ne s'occupa que de la morale; or on trouve dans Platon un mélange continuel de Logique, de Physique et de Métaphysique: si donc Zenon cessa d'être compté parmi les Cyniques, quoiqu'il eût conservé les principes de / leur morale parce qu'il p. 146 ne s'étoit pas contenté de cette science et qu'il y avoit mêlé les autres parties de la philosophie, ne doit-on pas par la même raison exclure Platon du nombre des Socratiques?

J'observerai d'abord que les noms de logique, de morale, de physique, et de métaphysique sont postérieurs à Socrate et à Platon. Ceux qui ont dit que la philosophie étoit fille de l'admiration, me paroissent avoir très-bien connu son origine. Les premiers philosophes Grecs, soit qu'ils eussent reçu des Barbares les principes de cette science, soit qu'ils ne les dussent qu'à l'expérience et à la médiatation, s'attachèrent tous à l'étude de la Nature; il s'élancèrent d'un vol hardi dans l'immensité des cieux, arrangèrent les astres, réglèrent leurs cours, enfantèrent des mondes: mais il ne descendirent point ordinairement jusqu'à l'examen des devoirs de la vie civile, ou si quelques-uns daignèrent s'en occuper, ce ne fut que pour faire servir cette science de complément à leurs traités sur la Nature. Ils portèrent dans l'étude de l'ame les mêmes loix dont ils s'étoient servis pour régler les corps, et loin de former leurs principes sur l'étude de l'homme, ils voulurent que les principes de la morale se prêtassent à leurs hypothèses physiques.

Socrate avoit été disciple d'Archélaüs, et il suivit d'abord la même route; il dit lui-même qu'il s'attacha avec une merveilleuse ardeur et une égale satisfaction à l'étude de la Nature[15*], espérant de parvenir quelque jour à une science certaine sur des matières qui ne lui fournissoient encore qu'un grand nombre de probabilités: mais bientôt dégoûté par leur incertitude, par le choc des différens systèmes qui se combattoient mutuellement, sans qu'on pût savoir auquel demeureroit l'avantage, et plus encore par le peu d'utilité de cette sorte de connoissance, il se fraya une nouvelle route, et devint le Chef d'une secte dont le nom obscurcit toutes celles qui l'avoient précédée. Quel fut proprement le change-

15* Xénoph. *Memor.* 4 [7].

ment que Socrate opéra dans la philosophie? Il renversa l'ordre de ses devanciers, et au lieu qu'ils commençoient par l'étude de
p. 147 la Nature et / qu'il n'arrivoient que bien tard, et remplis de préjugés, à l'étude de la morale ou de l'homme; Socrate partit de l'étude de l'homme, et n'arriva de même que bien tard, et peut-être aussi avec des préjugés, à l'étude de la Nature. Il ne la négligea point entièrement, comme on voudroit le faire croire; il ne le pouvoit même sans rendre ses connoissances sur l'homme défectueuses et imparfaites: mais il ne la regarda plus que comme un accessoire et un supplément à la connoissance de l'ame; il ne rechercha point quels sont les principes constitutifs des corps, comment se forment les météores, quelle place la Terre occupe dans l'universe: il avoit abandonné toutes ces belles spéculations comme inutiles et incertaines. Il ne desiroit de connoître la Nature que par le rapport immédiat qu'elle a avec nous; il auroit voulu y découvrir les causes finales, et il n'avoit que du mépris pour ceux qui veulent tout expliquer par les loix du mécanisme. "Ces gens-là, disoit-il, me paroissent aussi ridicules que ceux qui entreprenant d'expliquer pourquoi Socrate est assis, oublieroient que Socrate ayant une ame intelligente qui a la force de se déterminer à ce qui lui convient le mieux, il est assis maintenant parce qu'il a jugé cette position plus commode, et s'amuseroient à expliquer fort au long comment le corps de Socrate étant composé d'os et de nerfs qui peuvent se plier et se mouvoir en différens sens; il est assis lorque telle partie s'est étendue et que telle autre s'est repliée: ils prouveroient tout au plus, par ce beau raisonnement, que Socrate est assis parce qu'il est assis".[16*] Je n'examinerai point si la méthode de Socrate auroit été bien propre à perfectionner l'étude de la physique et si elle n'y auroit pas apporté le même désordre que les systèmes des premiers Physiciens causoient dans la morale; peut-être Socrate s'en aperçut-il, peut-être est-ce la raison qui l'empêcha de s'attacher beaucoup à cette étude: celle de l'homme l'occupa tout entier.

L'homme ne parut point à ses yeux un être facile à développer, mais une sorte de monstre plus étrange que ceux dont parlent les
p. 148 fables: assemblage bizarre des qualités les plus / opposées, ami du vrai et pétri de mensonges, partisan de la vertu et croupissant dans le vice, soupirant après la liberté et travaillant sans relâche à

16* Plat. in *Phaed.* [98b-d résumé].

renforcer ses chaînes, desirant de se connoître et se fuyant toujours, cherchant le repos, et l'éternel jouet de l'espérance, de la crainte, de l'ambition et de mille autres fantômes qui l'agitent et l'effrayent: tel parut l'homme aux yeux de Socrate. En réfléchissant sur les combats que nous éprouvons quelquefois au dedans de nous-mêmes avant que de bous déterminer à quelque chose d'important, il distingua dans l'ame *ψυχή* trois parties ou facultés; l'une est cette partie intelligente *νοῦς* qui devroit toujours nous éclairer et nous conduire: c'est proprement le siége de la raison; l'autre est cette partie brutale et aveugle, le siége de la concupiscence et de toutes les passions *ἐπιθυμητικόν*. Au milieu de ces deux parties discordantes est cette force que nous sentons de suspendre notre choix, et de persister dans le parti que nous avons pris *θύμος*. Platon a peint ces trois parties de l'ame sous un emblème qui peut servir à les faire mieux connoître. Peignons-nous un monstre dont la partie inférieure, semblable à la fabuleuse Scylla, soit composée d'un grand nombre de bêtes, les unes féroces, les autres apprivoisées, toujours prêtes à se dévorer mutuellement[17*]; plaçons au-dessus la figure d'un lion qui les tienne toutes sous ses-pieds, enfin que au lion soit surmonté d'un homme; supposons ensuite que les deux parties extrêmes étant en guerre ne peuvent prendre des forces qu'au dépens l'une de l'autre. Unissons cependant toutes ces parties par des liens inconcevables, pour n'en faire qu'un même individu, et nous aurons l'image de l'ame. Si la partie inférieure domine, les deux autres ne sont plus occupées qu'à la satisfaire et ne sauroient envenir à bout, parce qu'elle est composée d'un grand nombre de bêtes insatiables et toujours en guerre. Si au contraire la supérieure conserve son empire et se fortifie, elle se sert du lion pour enchaîner et apprivoiser les monstres qu'il tient sous ses pieds; alors la paix et l'union règnent dans tout l'ensemble. Nos soins et notre application doivent donc tendre à conserver au *νοῦς* ou à la partie intelligente / sa supériorité naturelle et à lui donner de l'activité et de la force. p. 149
Un des moyens les plus efficaces est l'étude de la dialectique, ou l'art d'analyser nos idées et de porter des jugemens sains sur les objets qui nous environnent. Socrate s'en saisit ardemment, et s'il n'en fut pas l'inventeur, on ne peut au moins lui refuser la gloire d'en avoir le premier montré le véritable usage. Il remonta

17* Plat. *Polit.* lib. IX [588c].

à la source de nos erreurs, et crut l'apercevoir dans la facilité avec laquelle nous recevons un grand nombre d'opinions étrangères, sans nous donner la peine de les examiner[18*], et dans la facilité encore plus grande avec laquelle nous confondons toutes les idées qui ont quelque rapport entre elles; plus ces idées nous sont familières, plus elles sont sujettes à l'erreur, parce que nous les avons trouvées établies au dedans de nous avant que nous ayons songé à les examiner. Quelqu'un s'est-il jamais avisé de douter qu'il sût ce que c'est que le juste, l'honnête, l'utile; cependant combien y a-t-il d'hommes qui soient en état d'en donner un définition exacte? Ce sont néanmoins ces idées confuses et imparfaites qui sont la règle de notre vie. Socrate s'appliqua particulièrement à les rectifier, par le moyen de sa dialectique; et c'est ce qui produisit cette science que les modernes ont nommé *Metaphysique*, qui n'est autre chose que la dialectique appliquée à des idées générales et abstraites. Il s'étoit tellement livré à cette science, que lorsqu'en marchant dans les rues son esprit s'embarrassoit dans quelque question difficile, il se retiroit à l'écart[19*], et restoit dans cet endroit jusqu'à ce qu'il fût venu à bout de ce qui l'avoit arrêté. On remarqua même qu'une fois il tomba dans une méditation si profonde, qu'il resta un jour et une nuit debout, immobile, et sans donner aucun signe de vie.

Dans quel sens est-il donc vrai de dire que Socrate ne s'occupa que de la morale? C'est en prenant ce mot dans une acception étendue pour la science de l'homme, et des moyens qui peuvent perfectionner sa raison. Tout en effet, dans Socrate, tendoit à ce but unique. Il ne cherchoit, dans l'étude de la Nature, que les
p. 150 causes premières; c'est-à-dire la / sagesse et la volonté de l'esprit créateur. Il ne cultivoit la dialectique, et ce que nous nommons métaphysique, que pour donner à la partie intelligente de l'ame plus d'activité, et pour la préserver de l'erreur. Enfin il rapprochoit ces sciences de la morale, et avoit l'art de les fondre, pour ainsi dire, toutes en un seule, que l'on peut appeler la science de l'homme ou la vraie philosophie.

C'est en quoi Platon l'a parfaitement imité. Quoiqu'il embrasse toute l'étendue des connoissances humaines, il en a tellement lié toutes les parties avec la morale, qu'on ne trouve rien, dans cet

18* Plat. in *Alcib. prim.* et in *Theat.* [167d-168a].
19* Plat. in *Conviv.* [220c-d]; Diog. Laërt. in *Socrat.* [II, 23].

auteur, qui n'ait un rapport direct et immédiat à cette science. Le seul dialogue du Timée semblera peut-être s'écarter de cette règle générale. Platon y explique la formation de l'Univers, la nature des élémens, le mouvement des corps célestes, les météores et les minéraux; toutes matières qui n'ont qu'un rapport bien indirect à la morale, et dont nous avons dit que Socrate s'étoit peu mis en peine. Mais il faut remarquer:

1. Que Socrate, dans ce dialogue, ne joue, pour ainsi dire, qu'un rôle subalterne, et qu'il a cédé le premier à Timée de Locres, qui développe la doctrine de son maître Pythagore.

2. Que tous les grands Ecrivains de l'antiquité étoient dans l'habitude de terminer leurs ouvrages par quelque morceau d'éclat, et le plus souvent par une digression qui n'avoit quelque-fois qu'un rapport indirect au sujet qu'ils venoient de traiter.

3. Que ce dialogue du *Timée* n'est point un tout, un ouvrage séparé, comme la plupart des autres dialogues; mais un complétement, un appendix aux dix livres de la *République*, et une véritable digression. La preuve en est évidente; ce dialogue commence par une récapitulation exacte et circonstanciée de tout ce qui a été traité dans les dix livres de la République. D'un autre côté, le style s'enfle et devient poëtique; on voit clairement que l'auteur a moins d'envie de disputer la palme au physicien Anaxagore et à Héraclite, qu'à Hésiode et à Homère. /

4. Quoique l'auteur s'étende assez au long sur les causes p. 151
secondes, ou sur l'explication physique des phénomènes, il a soin d'avertir, en plus d'un endroit, qu'il ne s'y arrête qu'autant qu'il est nécessaire pour arriver aux causes premières. Et il faut juger de ce dialogue comme des fables d'Esope, où la fiction, quoique plus étendue, ne sert que d'enveloppe à la morale, qu'on peut regarder comme l'ame de la fable. Un morceau assez court confirmera ces remarques. L'auteur, après avoir raconté la formation des corps célestes, et des Dieux qui les animent, voulant expliquer l'immortalité de l'ame humaine, s'exprime en ces termes: "Après que le Dieu suprême eut formé tous les autres Dieux, tant ceux qui nous éclairent, que ceux qui se dérobent à nos regards, il leur adressa ces paroles: Dieux des Dieux, dont je suis l'auteur et le père, les ouvrages de mes mains ne peuvent être détruits sans ma volonté. Tout ce qui a été fait peut être dissous; mais vouloir détruire ce qui est bien, c'est le propre d'un méchant. Puisque vous avez reçu l'être, vous ne pouvez être éternels; mais vous vivrez et ne serez

point soumis à l'empire de la mort; ma volonté sera pour vous un lien plus puissant et plus fort que ceux que vous tenez de votre nature: écoutez donc aujourd'hui ce que j'ai à vous apprendre. Il y a encore trois espèces d'animaux à créer, sans quoi l'Univers resteroit imparfait; car il ne renfermeroit pas en lui toutes les espèces: il le doit cependant, pour que rien ne manque à sa perfection. S'ils reçoivent de moi l'être et la vie, ils seront égaux aux Dieux. Afin donc qu'ils soient mortels, et que l'Univers reçoive sa perfection, disposez-vous à les former comme il convient, et imitez ce que j'ai fait moi-même en vous formant. Quant à la partie qui les rapprochera des immortels, qui participera à la divinité et qui doit servir de guide à ceux qui voudront écouter la justice et vous suivre, je l'engendrerai moi-même et vous la remettrai ensuite; vous acheverez l'ouvrage, en la renfermant dans un tissu mortel. Produisez des animaux, montrez-les à la lumière; vous pourvoirez à leur conservation et à leur subsistance, et vous les reprendrez après leur mort. /

p. 152 "Il dit, et dans le même creuset où il avoit fondu l'ame du monde, il ramassa les scories, pour ainsi dire, de cette ame, et en forma une mixtion qui étoit de la même nature, mais qui n'étoit plus aussi pure ni aussi forte. Lorsqu'il eut tout achevé, il en tira un nombre d'ames égal à celui des astres, auxquels il les partagea; et après les y avoir placés, comme sur un char, d'où il leur fit voir la nature de l'Univers, il prononça l'arrêt de leur destinée, etc.".

Ce morceau suffira, je crois, pour autoriser nos remarques; mais quand on accorderoit qu'il y a dans ce dialogue beaucoup de choses qui ne peuvent convenir à Socrate, on doit se souvenir que Platon ne les lui a point non plus attribuées, mais à Timée le pythagoricien: il faut encore se rappeler la distinction que nous avons établie entre la nature de la conservation qui convient à la philosophie, et celle qui convient à la législation.

Je me servirai toujours du même principe pour rendre raison des additions que Platon peut avoir faites à la métaphysique de Socrate; telle est la doctrine des idées. Les uns croient qu'il la tenoit de Cratyle, disciple d'Heraclite[20]; les autres, qu'il n'avoit fait que rajeunir par un nouveau nom les nombres de Pythagore:

20 Brucker, *Hist. Philos.* t. I, p. 696.

quoi qu'il en soit, il paroît constant qu'il n'en avoit point reçu la connoissance de Socrate. Mais ces idées conviennent-elles, ou non, aux principes fondamentaux de la doctrine Socratique? servent-elles ou ne servent-elles pas à l'expliquer? C'est ce qu'il faut examiner en peu de mots.

Il y a deux manières générales de traiter la morale; l'une simple et populaire, par sentences et par maximes détachées, ornées d'un style agréable et quelquefois de comparaisons, d'allégories et de fables: c'est la méthode qu'ont employée les Orientaux, les Poëtes, les Orateurs, et tous ceux qui ont voulu se faire entendre du peuple. L'autre méthode est propre aux Philosophes; elles consiste à remonter à la nature des êtres, à poser des principes généraux et incontestables, et à en déduire des conclusion certaines. Xénophon s'est plus rapproché de la première, Platon de la seconde: lequel en ce / point a le mieux imité Socrate? Cette question ne p. 153
peut plus former de doute après ce que nous avons dit: comment eût-on pu reprocher à Socrate, s'il eût été tel que nous l'a représenté Xénophon, de rendre tout problématique, et de faire que la mauvaise cause parût la meilleure[21*]? comment eût-il pu, sans le secours de la dialectique, réfuter les sophistes, qui étoient eux-mêmes des Métaphysiciens très-subtils? comment eût-il mérité la louange qu'il s'attribue lui même[22*] de savoir bien interroger et bien répondre, d'aimer *à réfuter* et à *être refuté*[23*]: Enfin, comment expliquer, sans une profonde métaphysique et sans le secours des Idées platoniciennes, ces principes de la morale Socratique, que le bon n'est point autre que le beau, qu'il n'y a qu'une vertu, la science, et qu'un vice, l'ignorance; que la tempérance ne diffère point essentiellement de la justice, la prudence de la force? Or ce ne sont point ici des conclusions particulières que l'on puisse négliger, c'est la base et le fondement de toute la morale Socratique.

Si de ces considérations générales sur la doctrine de Socrate, nous descendions au détail de ses opinions particulières, nous trouverions que Platon conserve toujours le même avantage sur son rival: donnons-en pour exemple l'opinion de Socrate sur la Divinité. Xénophon ne dit rien dans tous ses ouvrages qui puisse

21* Aristoph. in *Nub.* [v. 99].
22* Plat. in *Protag.* [338d].
23* Ἐλέγχειν καὶ ἐλέγχεσθαι. [*Gorg.* 462a].

faire soupçonner que Socrate pensât sur cet article important autrement que le peuple; il ne tient pas même à cet auteur qu'on ne regarde Socrate comme un payen dévôt dans toute la rigueur du terme; il ne parle que de sacrifices et d'augures. Dans Platon, au contraire, Socrate affecte de s'écarter en bien des endroits des formules religieuses consacrées par l'usage; ainsi au lieu de jurer par *Jupiter*, par *Hercule*, il jure par le *chien*, par le *platane*. S'il examine, avec Eutyphron, l'idée de la sainteté, il tourne en ridicule ce prêtre enthousiaste et méchant, et ne lui cache point le mépris qu'il fait des histoires scandaleuses de ses dieux prétendus. Si Socrate eût pensé comme Xénophon veut nous le faire croire, de quel front ses ennemis eussent-ils osé le citer en justice comme un
p. 154 impie ou du moins comme un novateur en fait de religion? / eût-il été bien difficile à Socrate de confrondre la calomnie? Aussi Xénophon, dans l'apologie qu'il a écrite pour Socrate, se met-il bien sérieusement en colère contre ceux qui ont dit que Socrate n'adoroit pas les mêmes dieux que le peuple; au lieu que Socrate, dans l'apologie écrite par Platon, se contente de faire tomber son accusateur en contradiction avec lui-même et de le couvrir de ridicule. Mais il élude, avec son ironie ordinaire, l'état de la question, et la évite, avec le plus grand soin, de laisser apercevoir ses véritables sentimens: ignoroit-il que son silence, dans une pareille rencontre, se changeoit en conviction? non; mais il ne vouloit pas racheter sa vie par un mensonge.

Je passe maintenant au second caractère de la *conservation* en fait de doctrine philosophique, la manière de philosopher: comme cette manière dans un Philosophe tel que Socrate, qui s'étoit spécialement dévoué au salut et à l'utilité de sa patrie, tient beaucoup aux moeurs et aux usages de son temps; il est nécessaire, pour bien connoître Socrate par ce côte, de tourner un moment nos regards sur Athènes, lorsqu'il commença de s'y montrer.

Athènes étoit alors parvenue au comble de la gloire. Les victoires à jamais mémorables qu'elle venoit de remporter sur les Perses; la supériorité décidée qu'elle s'étoit acquise sur les autres villes de la Grèce, que la reconnoissance ou la crainte avoit rendues ses alliées ou ses tributaires; l'affluence presque subite de tous les biens qui peuvent rendre un peuple heureux; la forme de son gouvernement, qui laissoit à chaque Citoyen toute la part qu'il vouloit prendre aux affaires et le choix du rang qu'il vouloit tenir dans l'Etat, tous ces avantages avoient merveilleusement enflé le courage des

Athéniens, et donnoient un puissant ressort à ces ames ambitieuses et fières. Chaque citoyen se regardant comme le dépositaire de la gloire de sa patrie, se croyoit fait pour donner des loix ou pour servir d'exemple au reste du monde: tout sembloit favoriser l'illusion; les Arts étoient venus avec les richesses embellir Athènes et y fixer, pour ainsi dire, le siege de leur empire; et tandis que / Périclès tonnoit et foudroyoit [23a] dans les assemblées du peuple, p. 155
Sophocle et Euripide enfantoient ces drames immortels qui devoient laisser à la postérité plus d'envie de les suivre que d'espérance de les atteindre.

Mais du sein même de ces avantages on voyoit éclore des inconvéniens qui n'étoient pas moindres. Les richesses avoient introduit le goût des plaisirs et refroidi l'ardeur guerrière; les Arts n'avoient servi qu'à multiplier les besoins, et de jour en jour on devenoit moins scrupuleux sur les moyens de les satisfaire; les alliés peu ménagés se changeoient en ennemis secrets. L'excessive liberté avoit engendré la licence; on trouvoit plus de Généraux que de soldats: tout le monde vouloit commander, personne ne savoit plus obéir. La présomption est la compagne ordinaire des talens; parce que l'on excella dans un art, on se crut sage, et l'on négligea de s'instruire. Les Poëtes qui dans tous les pays se sont crus les précepteurs de la Nation, et qui ne l'on peut-être été véritablement que dans Athènes, n'étoient pas assez attentifs sur le choix de leurs maximes; ils mêloient souvent à leurs leçons un poison d'autant plus dangereux, qu'il étoit préparé avec plus d'art. Les Orateurs n'avoient pour but que de se rendre agréables au peuple; ils flattoient ses préjugés et l'entretenoient dans une sécurité dangereuse. Les Philosophes bâtissoient des systèmes sur la Nature, négligeoient la morale ou la corrompoient; mais l'espèce la plus dangereuse étoit celle des Sophistes. Philosophes et Orateurs tout à la fois, ils se vantoient d'enseigner l'art de persuader aux dépens de la vérité, et de dominer dans les assemblées du peuple; ils étoient imbus de ce principe détestable qu'il n'y a point de vérité ni de fausseté réelle, mais seulement apparente; que la science et la sagesse consistent à connoître dans toutes sortes de sujets les rapports qui peuvent les faire paroître vrais ou faux selon nos intérêts, et que la vertu n'est qu'un beau nom propre à en imposer au peuple.

[23a] [Aristoph. *Ach.* 530; Plutarch. *Pericl.* 8].

Tel étoit l'état d'Athènes quand Socrate s'y montra; il vit avec douleur que si qulqu'un desiroit de se rendre habile dans quelque
p. 156 art que ce fût, il trouvoit dans cette ville un grand / nombre d'excellens Maîtres, entre lesquels le choix étoit difficile, pendant qu'il ne se trouvoit personne qui enseignât à devenir homme de bien et Citoyen vertueux. Cette science, la seule importante et la plus difficile, étoit abandonnée au peuple, qui est toujours un mauvais maître: "Nous ne savons," disoit-il[24*], "que ce que nous avons appris par la voie ordinaire des maîtres, ou ce que nos réflexions et la méditation nous ont fait découvrir. Où sont les hommes qui aient employé comme il convenoit l'un ou l'autre de ces moyens pour connoître et pour acquérir la vertu? Tout le monde croit la connoître assez et n'avoir pas besoin de l'apprendre; c'est précisément la raison pour laquelle tout le monde l'ignore". Socrate se propose de guérir les hommes de cette ignorance.

Plus les Athéniens avoient de présomption et d'amour propre, plus ce Philosophe devoit rencontrer d'obstacles à son dessein. S'il y a des choses sur lesquelles les hommes veulent bien avouer leur ignorance, il en est d'autres sur lesquelles cet aveu leur coûteroit trop, et ce sont précisément celles dont s'occupoit Socrate. Il le sentit, et cette découverte l'obligea à prendre une voie oblique, qui offensât moins l'amour propre de ceux qu'il vouloit instruire: elle consistoit à feindre qu'il ignoroit lui-même les choses sur lesquelles il s'entretenoit, et à consulter, en apparence, ceux dont il croyoit pouvoir tirer des lumières. Il ne montra donc qu'une forte envie de s'instruire, et il annonça hautement qu'il ne savoit rien que cette chose seulement, qu'il ne savoit rien[25]. Ceux qui ont voulu en prendre occasion de le ranger dans la classe des Sceptiques, sont suffisamment réfutés par le système entier de sa morale, tel que nous le trouvons dans les livres de ses disciples; par toutes ses actions, par la façon dont il se défendit devant ses juges, par le refus qu'il fit de s'enfuir de la prison, par sa réponse à Criton, qui l'en conjuroit, et enfin par sa mort. On le trouve toujours *ferme* et *inébranlable*, *ἰσχυρογνώμων* dans ses *paroles* et dans ses *actions*[26*]. Il faut donc bien se garder de prendre à la lettre ce

24* Plat. in *Alcib. maj.* [106d-106e; 109d-110d, résumé, v.a. *Phaed.* 85c].

25 Huet, *foibl. de l'entend. humain.*

26* Diog. Laërt. in *Socr.* [II, 24].

qu'il disoit de son ignorance, sur-tout en matière de morale. Ce n'étoit, comme nous l'avons vu, qu'un tour / adroit pour ménager p. 157
l'amour propre des autres, un tribut qu'il payoit à l'envie. Au reste, cette dissimulation de ses propres forces, ou cette ironie, prenoit différentes formes, selon les différences de l'état et du caractère de ceux avec qui il s'entretenoit.

Etoit-ce avec des hommes de son âge, ou même plus âgés que lui? il marquoit de la déférence pour leur sentiment, il les louoit toujours par l'endroit qui leur étoit le plus sensible: ensuite il exposoit ses doutes, et tournoit si adroitement la conversation, qu'il les obligeoit à lui rendre compte de leurs actions et de leurs véritables sentimens. Contre cette mauvaise honte, qui nous fait cacher aux autres et à nous-mêmes notre faiblesse et nos défants, il faisoit agir avec succès cette autre honte, aussi naturelle et aussi forte, qui nous empêche de nous refuser aux conseils de l'amitié et de la raison. Car, comme l'ont remarqué Hésiode et Homère, il y a deux sortes de honte, l'une bonne et l'autre mauvaise:

Αἰδώς ἥ τ'ἄνδρας μέγα σίνεται ἠδ' ὀνίνησι.[27*]

Il falloit convenir de ses foiblesses et de son ignorance, quelque dur que fût cet aveu, et former, du moins pour le moment, des projets de réforme et d'amendement. "Il paroît bien, ô Lysimaque, disoit Nicias[28*], que vous ne connoissez Socrate que de nom; car vous n'ignoreriez pas que dès qu'un homme lie conversation avec lui, il le regarde comme un parent dont il doit prendre soin: il faut qu'il l'examine, et qu'il sache ce qu'il pense, et ce qu'il a fait de bien et de mal [...]. Pour moi, que le vois souvent, je suis tout accoutumé à lui rendre ainsi compte de ma vie: et quand je suis venu ici, j'ai bien prévu qu'il faudroit subir l'examen, et que dans un moment il seroit moins question de nos enfans que de nous-mêmes". Dans un autre endroit il est comparé à ce fameux brigand, [Antaeus] qui attendoit les passans sur le grand chemin, pour les obliger à se dépouiller et à lutter contre lui[29*] /.

Sa conduite, avec les Sophistes, étoit encore plus dissimulée et p. 158
plus adroite: c'étoit principalement avec eux qu'il faisoit usage de l'ironie. S'il eût provoqués à découvert, il n'en seroit jamais venu

27* Hes. *Op.* v. 316.
28* Plat. in *Lach.* [187d-188b résumé].
29* [...] *Theaet.* p. 125 [169b].

à bout. Retranchés dans cette éloquence intarissable dont ils faisoient profession, ils auroient facilement éludé ses coups; et comme ils étoient de grands maîtres dans l'art de persuader, ils auroient au moins partagé les suffrages. Il étoit donc nécessaire de les arracher adroitement de leur sort, pour les obliger à ce battre, pour ainsi dire, de pied ferme. Voici comment il s'y prenoit ordinairement. Il assistoit à leurs discours oratoires, et paroissoit un des plus empressés à leur marquer la satisfaction qu'il venoit de goûter en les entendant. Il n'y avoit qu'une petite chose qui l'embarrassoit encore[30*]; il la proposoit, et ordinairement la question étoit si claire, qu'elle ne paroissoit pas pouvoir former de difficulté. Le Sophiste d'offroit d'en donner l'explication; et il ne pouvoit décemment s'y refuser, puisqu'une des choses dont se vantoient les Sophistes, c'étoit de répondre à toutes les questions qu'on pouvoit leur faire. Ce premier point gagné, Socrate lui demandoit s'il ne se glorifioit pas d'être dialecticien aussi profond qu'orateur habile, et s'il ne lui étoit pas aussi facile de resserrer une matière en peu de mots, que de l'orner et de l'étendre. Le Sophiste n'avoit garde d'en disconvenir. Alors il le prioit de réserver pour une autre occasion les richesses de son éloquence, et de ne se servir avec lui que de ce style serré et concis: "car j'ai naturellement un défaut, disoit-il, c'est d'oublier facilement, et de ne pouvoir suivre un long discours sans tout brouiller et tout confondre. De même donc que si vous desiriez que nous marchassions de compagnie, et qu'il vous fût absolument égal de courir ou de marcher lentement, ce seroit à vous conformer à ma marche, s'il m'étoit absolument impossible de courir: de même aujourd'hui, si vous voulez bien vous entretenir avec moi et m'instruire, il faut avoir la complaisance que je vous demande: aussi-bien j'ai toujours entendu dire que le style de la conversation ne devoit point ressembler à celui d'un discours oratoire[31]". Dès
p. 159 que le Sophiste avoit consenti à ce qu'on / demandoit de lui, il se sentoit bientôt embarrassé, et ne tardoit pas à se contredire. Alors Socrate se plaignoit malicieusement de ce qu'après lui avoir promis si solennellement de l'instruire, il avoit la dureté de lui cacher sa sagesse, et de l'abandonner à l'erreur. Il lui laissoit

30* Plat. in *Protag.* [316a-320b].
31 [Plat. *Prot.* 334c-336b, résumé].

ordinairement apercevoir quelque faux-fuyant, que celui-ci saisissoit pomptement; mais ce n'étoit que pour retomber dans de nouvelles contradictions, qui mettoient dans un plus grand jour sa présomption et son ignorance.

Le principal avantage que Socrate se promettoit de ses disputes avec les Sophistes, c'étoit de guérir les Athéniens de la folle prévention qu'ils avoient pour eux, et de préserver les jeunes gens du poison de leur doctrine. Socrate s'attachoit de préférence aux jeunes gens, espérant davantage d'une ame encore tendre et qui n'avoit point contracté d'habitudes que l'âge eût enracinées. Deux causes seulement s'opposoient à ses desseins et détournoient la jeunesse de l'étude de la philosophie, la flatterie et l'ambition. Dès qu'un jeune Athénien commençoit à réfléchir sur sa situation, une carrière immense se présentoit devant lui; le cri du héros public, c'est-à-dire la voix de la patrie qui appeloit au maniement des affaires tous ceux qui se croyoient en état de l'aider de leurs conseils, l'exemple domestique et récent de ceux qui parvenoient par leurs talens aux premiers emplois et à la considération publique, tous ces objets étoient bien capables d'allumer le feu de l'ambition dans un jeune coeur: ajoutons-y encore les sollicitations des parens qui desirent naturellement l'avancement de leurs enfans, et qui se laissent si facilement prévenir en leur faveur, les exhortations et le crédit d'un grand nombre d'amis qui dans un état populaire étoient regardés comme la portion la plus précieuse d'un héritage.

Dans les gouvernements où les fortunes particulières sont stables, où les rangs sont assignés à la naissance et aux richesses, les amis ne sont guère regardés que comme des meubles d'agrément ou de caprice; on y tient peu et l'on s'en dégoûte aisément. Il n'en étoit pas de même dans ces anciennes républiques, où toutes les places se donnoient au mérite réel où apparent, où les talens ne pouvoient manquer de percer, où / les fortunes particulières étoient comme p. 160
celles de l'Etat, dans une agitation continuelle, et où la faveur du peuple, et le grand nombre d'amis décidoient du sort, du rang et même de la vie. Dès qu'un jeune homme commençoit à vouloir se produire, un grand nombre d'amis s'associoient à sa fortune et à ses espérances. Ils s'attachoient à sa personne; car le même sentiment qui, entre les personnes du même âge, s'appeloit amitié, se nommoit amour, lorsqu'il se recontroit avec une disproportion d'âge considérable. Le nom d'*Erastes* n'avoit rien de honteux; les

plus sages législateurs en avoient établi et autorisé l'usage[32*]. On estimoit un jeune homme à proportion du mérite et du nombre de ceux qui s'attachoient à lui. Socrate ne dédaigna point de se conformer à l'usage; et si la calomnie en a pris occasion de vouloir ternir sa mémoire, il est assez justifié par le silence de ses ennemis, qui, en lui cherchant des crimes, ont toujours respecté ses moeurs. Il fréquentoit les lieux des exercices, et tous les endroits où la jeunesse avoit coutume de s'assembler. Il étudioit les caractères, et s'attachoit de préférence à ceux en qui il remarquoit les passions les plus fortes. Il sembloit n'être plus occupé que du soin de leur avancement. Il leur faisoit entrevoir la gloire qui les attendoit, s'ils remplissoient l'idée qu'on se formoit déjà de leur mérite: mais il leur montroit à côté la honte dont ils se couvriroient, s'ils trompoient les voeux de leurs concitoyens et de leurs amis. "Ne trouvez-vous donc pas, ajoutoit-il, qu'il seroit à propos, pendant qu'il en est temps encore, que nous cherchassions en commun quelles choses sont propres à mériter l'estime ou le blâme?" A peine avoit-il commencé cet examen que le jeune homme, qui ne pouvoit plus déguiser sa foiblesse et son ignorance, confus et troublé, avoit peine à retenir ses larmes[33*]. Quelques-uns restoient si humiliés, qu'ils n'osoient plus l'aborder ni le voir; mais les esprits généreux n'en devenoient que plus ardens à rechercher son entretien. Il continuoit de les examiner et d'arracher sans pitié toutes les semences contagieuses qui auroient étouffé les gernes de la raison; il les accoutumoit ensuite à réfléchir et à / produire leurs
p. 161 propres pensées, sans leur épargner, disoit-il, les douleurs de l'accouchement. Tout le monde sait que faisant allusion au métier de sa mère, il se disoit accoucheur d'esprits. Persuadé que la Nature a donné à tous les hommes une portion d'esprit suffisante pour les rendre sages et heureux, il croyoit qu'il étoit impossible d'y rien ajouter; que toute l'étude de l'homme devoit tendre à l'exercer et à lui donner de l'activité, de la force et de la jeunesse; que les idées étrangères qu'on voudroit y insérer ne serviroient qu'à charger la mémoire et à rendre en effet l'esprit plus paresseux et plus confus: c'est la raison pour laquelle non seulement il ne voulut rien écrire, mais même il n'enseigna jamais rien. "Si quelqu' un prétend que je lui aie jamais enseigné quelque chose," dit-il

32* Plutarc. in *Solon.* [Xenoph. *Lacaed. Resp.* II, 13].
33* Xénoph. *Apomn.* lib. IV [*Mem.* IV, 39-40 résumé].

dans son apologie, "Athéniens, il vous en impose" [34]. Il se contentoit en effet d'exercer l'esprit de ceux qui le fréquentoient, en se mettant à leur portée et en les guidant pas à pas dans la recherche de la vérité. Ce Docteur, comme dit Plutarque, ne se faisoit point préparer des bancs; il ne se donnoit point en spectacle, il n'observoit point de temps pour lire en public, il n'assignoit point à ses amis des heures pour la conférence et pour la promenade; mais il philosophoit en buvant, en mangeant, en se promenant au milieu des rues. Il n'étoit pas plus réservé sur le choix des matières: les plus communes et celles qui sont le plus ordinaires dans le commerce de la vie, étoient toujours celles auxquelles il donnoit la préférence; il se servoit de l'induction et empruntoit ses comparaisons des professions les plus abjectes, des cuisiniers, des tailleurs, des bergers, etc. Les beaux esprits et les sots étoient choqués de cette simplicité apparente qu'ils nommoient grossièreté: les bons esprits perçoient l'enveloppe et découvroient une sagesse profonde et une éloquence auxquelles l'art ne pouvoit atteindre. Alcibiade comparoit ces discours à ces sortes de boîtes que l'on fabriquoit alors à Athènes[35*], qui ne présentoient au dehors que des figures grotesques de satyres et / de silènes, mais qui au dedans p. 162
renfermoient les images des dieux. "Quand quelqu'un, ajoute-t-il, s'avise de nous répéter les discours de nos plus fameux Orateurs, il ne nous touche pas beaucoup, et souvent il nous ennuie; mais s'il nous répète, les discours de Socrate, tout le monde reste extasié, hommes, femmes et enfans. Pour moi, quand je l'entends, le *coeur me bat*, des larmes coulent de mes yeux, et je vois qu'il fait la même impression sur beaucoup d'autres. J'ai entendu Périclès et tous nos plus fameux Orateurs; j'ai admiré leur éloquence, mais ils m'ont toujours laissé dans le même état où j'étois auparavant. Les discours de cet enchanteur produisent sur moi un effet bien différent; j'ai honte de moi-même, je rougis de ma bassesse; il faut que je m'arrache de sa présence et que je me bouche les oreilles pour ne pas vieillir assis à ses côtés. Je le fuis, je l'évite; il y des momens où je voudrois le savoir mort, et je sens pourtant que si ce malheur m'arrivoit, j'en serois inconsolable[36]". Alcibiade n'étoit pas le seul sur qui les discours de Socrate fissent

[34] [Plat. *Ap.* 33b].
35* Plat. in *Symp.* [215a].
[36] [Plat. *Symp.* 215d-e].

une si profonde impression. Aeschine, Antisthène, Apollodore ne pouvoient le quitter. Simmias et Cèbes avoient abandonné Thèbes leur patrie pour jouir de sa présence. Euclide de Mégare connoissant la loi qui portoit peine de mort pour tous les Mégariens pris sur le territoire d'Athènes, se déguisoit en femme, et entroit de nuit dans Athènes pour entendre Socrate au péril de ses jours.

Maintenant s'il étoit question d'examiner lequel de Platon ou de Xénophon a le mieux rendu Socrate dans cette partie, il ne seroit pas difficile de montrer en détail que Platon s'est principalement appliqué à le peindre dans toutes les positions et sous tous les aspects, sans jamais détourner les yeux de dessus son modèle; à l'exemple de Socrate, il ne dogmatise point, il ne se laisse apercevoir en aucun endroit de ses dialogues, s'il y paroît une fois ou deux, ce n'est que comme un personnage muet. Socrate, qui joue ordinairement le rôle principal[37] examine, réfute, discute les
p. 163 opinions des autres, sans laisser / entrevoir la sienne, que bien rarement et comme au travers d'un voile; il exerce les jeunes gens, il combat les sophistes, il examine les autres Citoyens: de-là cette diversité de dialogues, que l'on a distingués par les noms de Maieutiques, de Pirastiques, d'Elenctiques, d'Anatreptiques, etc. Enfin Platon a possédé au souverain degré l'art d'animer ses compositions, de répandre sur les matières les plus arides une source intarissable d'agrémens, de mêler tous les tons et tous les genres d'éloquence, d'allier aux grâces simples et naïves les images les plus fortes et les plus sublimes.

Au contraire, Xénophon ne sort point d'une élégante simplicité; jamais il ne s'élève, tout y est dit avec grâce, mais tout y est dit sur le même ton. Comme ses Mémoires sur Socrate ne sont qu'une continuation de son apologie, l'on y remarque facilement qu'il s'est beaucoup moins appliqué à le peindre qu'à le justifier; on y trouve ni l'ironie de Socrate, ni ses disputes avec les sophistes, ni même son esprit de doute et de discussion: enfin ou trouve dans les écrits de Xénophon les grands principes de la morale Socratique: mais, oserai-je le dire, on n'y chercheroit Socrate en vain; ce n'est que dans Platon qu'il vit, qu'il respire, qu'il nous échauffe et nous transporte.

37 *In Platonis scriptis nihil affirmatur, et in utramque partem multa differuntur; de omnibus quaeritur, nihil certi dicitur.* Cic. *Acad. quaest.* lib. I.

C. Palissot de Montenoy

DIALOGUES HISTORIQUES ET CRITIQUES

Premier dialogue

SOCRATE ET ERASME

SOCRATE

En vérité, Erasme, vous m'avez fait beaucoup rire avec votre enthousiasme et votre plaisante idée de vouloir me mettre au nombre de vos Saints.[1] p. 169

ERASME

Ah! vertueux Socrate, je le répete encore; / vous m'avez arraché des larmes, toutes les fois que j'ai l'histoire de votre fin tragique dans le divin Platon. p. 170

SOCRATE

Platon était un homme disert et éloquent, qui avait peur de la ciguë, et qui se crut intéressé à attirer sur lui-même et sur l'Ecole que j'avais fondée, de la considération, en honorant ma cendre. Tenez, on ne dit chez les Morts que la vérité; je vous avertis de perdre beaucoup de votre enthousiasme, si vous voulez me mettre à mon aise avec vous.

ERASME

Quoi! vous ne fûtes pas la victime d'un complot abominable tramé par ce coquin d'Aristophane? ...

1. Erasme disait qu'il était toujours tenté d'ajouter à ses Litanies: *Sancte Socrates, Ora pro nobis.* [D. Erasmus, *Colloquia*, Ulmae, 1712, *Convivium Religiosum*, p. 175].

SOCRATE

Pour un Savant, mon cher Erasme, vous faites-là un étrange anachronisme. Il se passa plus de vingt ans, depuis la Comédie des *Nuées*, jusqu'à la persécution que me susciterent Anytus et Mélytus; persécution qui n'avait aucun rapport à la Comédie d'Aristophane. /

ERASME

p. 171 Mais qui put donc animer si vivement ce Poëte Satyrique contre vous?

SOCRATE

Un motif tout simple, si on le dépouille de ce prestige d'importance que l'on attache à tout ce qu'on voit dans un certain éloignement. J'aimais Euripide, qui faisait de belles Tragédies[2]; je n'aimais point Aristophane, qui faisait de bonnes Comédies, et qui lui disputait la faveur du Peuple. Euripide et moi, nous ne le ménagions gueres dans nos Sociétés. Il se vengea par une Piece très-plaisante dans le genre qui était alors à la mode, et cette Piece fut très-applaudie.

ERASME

Jamais la vengeance a-t-elle autorisé le mensonge, la calomnie?

SOCRATE

Je vous ai déjà dit qu'il travailla dans le genre qui était alors à la mode, et, qui plus est, approuvé par la République. /

ERASME

p. 172 Eh quoi! la calomnie remportait les suffrages à Athenes? ô Ville exécrable!

SOCRATE

Erasme, vous n'entendez pas à demi-mot. Pensez-vous qu'il y ait sur la terre aucun Peuple capable d'honorer un Calomniateur

2. N.B. Que ces faits sont purement historiques.

public? Jugez donc, si dans une petite Ville comme Athenes, dont tous les Citoyens se connaissaient, Aristophane, qui me jouait sous mon propre nom, eût osé en imposer sur mes moeurs au point que vous l'imaginez. On peut, sans doute, porter quelque atteinte à la vertu la plus pure, lui donner quelques ridicules, peut-être même la rendre suspecte d'hypocrisie; oui, la malignité humaine peut aller jusques-là: mais en aucun tems, elle n'applaudira un Auteur qui représenterait un homme de bien, reconnu pour tel, comme un scélérat capable de tous les vices. On se révolterait dès les premieres scenes; toute attention lui serait refusée: ce n'est point-là Socrate, aurait-on dit tout d'une voix; et d'ailleurs, chez le Peuple de Solon, il y avait une loi contre les Calomniateurs. /

ERASME

Vous confondez toutes mes idées. Comment! divin Socrate, p. 173
vous auriez ressemblé au Socrate de la Comédie des *Nuées*?

SOCRATE

Pas tout-à-fait; je vous ai dit qu'Aristophane se vengeait, et la vengeance passe toujours un peu les bornes de la vérité: mais j'avais eu une jeunesse difficile, équivoque; et cela est si vrai, que j'étais obligé de dire assez souvent, dans un âge plus mûr, que si je m'étais abandonné à mon naturel, j'aurais eu de l'inclination pour tous les excès[3]. Aristophane ne fut pas le premier qui me reprocha mes erreurs de jeunesse, et le Poëte Eupolis m'avait déjà
représenté dans une Comédie /, dérobant une coupe d'argent. A p. 174
parler franchement, et comme le succès de ces Pieces le prouve, ma réputation était alors assez problématique.

ERASME

Mais Aristophane n'aurait donc pas eu tant de tort que quelques gens lui en supposent?

3. Voici l'idée que nous donne un Voyageur d'une statue antique conservée à Rome: *La tête de Socrate n'est pas moins remarquable pour la débauche que l'on apperçoit dans ses regards. On voit dans son air l'empreinte de tous les vices que ce Philosophe avoue lui-même qu'il avait eu tant de peine à surmonter.* Voyage en France, en Italie et aux Isles de l'Archipel, Tom. III. [Cicer. *tusc. disp.* IV 37, 80; *de fato* 5, 10]

SOCRATE

Il faut le croire, puisque mes Disciples les plus intimes entendirent eux-mêmes raillerie; que le divin Platon, comme vous l'appelliez tout-à-l'heure, ne cessa pas d'être son Ami, et qu'il fit même depuis de jolis vers[4] à sa louange.

ERASME

Vous me trompez, Socrate. Puis-je concilier l'aveu que vous me faites, avec cette morale si pure, si austere, dont on vous regarde comme l'inventeur? /

SOCRATE

p. 175 J'ai dû vous faire comprendre que je ne me jettai dans la morale qu'un peu tard. D'ailleurs, le contraste d'une doctrine très-sévere avec des moeurs très-relâchées, est-il donc si rare que vous n'en connaissiez pas d'exemple?

ERASME

Vous avez beau dire, je ne saurais m'accoutumer à ne pas vous regarder comme un modele de toute perfection et de toute sagesse.

SOCRATE

Mais vous oubliez donc Alcibiade, et mon Démon familier?[5] /

ERASME

p. 176 Je vous avoue que j'ai toujours été un peu embarassé sur ces deux articles; mais enfin, cet Oracle d'Apollon Pythien qui vous déclara le plus sage des Grecs?

4. Les voici, mais dans une traduction qui ne donne l'idée ni du langage, ni du style de Platon: *Dum quaerunt Charites nunquam violabile Templum, Invenére Sacrum pectus Aristophanis.* [ps.-Plato, Ἀριστοφάνους βίος, XI, XII, XIV ed. Didot; pag. 384 Westermann]

5. M. de Voltaire, dont le témoignage ne peut se récuser, quand il parle des Philosophes, a dit, à propos de celui-ci: "*Le Démon de Socrate lui avait appris, sans doute, ce qui en était. Il y a des gens, à la vérité, qui prétendent qu'un homme qui se vantait d'avoir un Génie familier, était indubitablement un peu fou, ou un peu fripon: mais ces gens-là sont trop difficiles*". Voltaire *Mélanges de Littérature, d'Histoire et de Philosophie*, chap. 34, sur Locke. [Voltaire, *Diction. Philos.* art. Locke]

SOCRATE

Vous me faites rire, Erasme! vous ne savez donc pas comment se fabriquaient les Oracles? Je commençais à être le Chef d'un Parti qui voulait s'attirer de la considération par ce prestige; et, excepté Anytus, Mélytus et quelques-autres, tout le Peuple, à qui le merveilleux en impose toujours, en fut la dupe, comme vous l'êtes encore.

ERASME

La réponse modeste que vous fites alors, en professant que si vous aviez en effet quelque sagesse, elle ne consistait précisément qu'à reconnaître, combien votre savoir était peu de chose; cette belle réponse, dis-je, pouvait-elle être suspecte de charlatanisme?

SOCRATE

Comme on se laisse tromper par les apparences! Je ne pouvais
faire une réponse qui fût à la fois plus orgueilleuse, plus adroite /
et plus insultante. En réduisant le savoir à rien, j'humiliais l'orgueil p. 177
de la Secte des Dogmatiques; je me vengeais de cette foule de
Sophistes qui étaient mes ennemis, et que je taxais indirectement
par-là d'une ignorance audacieuse. Je me mettais à leur place dans
l'esprit du Peuple, que je rapprochais de moi, en parlant avec
mépris des Sciences; et je m'en faisais d'autant plus aimer, que je
le dispensais en même tems du tribut incommode de l'admiration.

ERASME

Mais à la fin vous me feriez croire que peut-être Anytus et Mélytus ...

SOCRATE

Je vous entens. Il est certain que je fus jugé selon les Loix. Je
dogmatisais contre la Religion établie par le Gouvernement, et
que le Gouvernement avait intérêt de défendre. Je me permettais
des railleries contre les formules des sermens prescrites par les
Loix, en affectant de jurer par un chien, par une pierre, par un
arbre, etc.; je n'épargnais ni les Prêtres, ni les Sacrifices; et l'injure
que les hommes pardonnent le moins, c'est précisément cette
ironie favorite dont je / me servais dans toutes les occasions, pour p. 178

livrer au ridicule ceux qui ne pensaient pas comme moi. Les imprudences de mes Disciples contribuerent encore à me perdre, en donnant à connaître les principes que je leur avais secretement inspirés.

ERASME

Qu'entendez-vous par ces imprudences?

SOCRATE

Quoi! vous ne vous rappellez pas cette mauvaise plaisanterie d'Alcibiade, d'aller dégrader la nuit toutes les statues de Mercure, et de profaner si indécemment tout ce qui servait aux expiations publiques? Erasme, il faut être indulgent; mais est il un pays où l'on ne poursuivît avec sévérité les Auteurs d'un pareil désordre, et ceux que l'on en pourrait croire complices? Soyons justes; en est-il un seul où l'on plaignît les coupables? Vous, Erasme, qui avez vu brûler, de votre tems, un si grand nombre de ces gens que vous nommiez Hérétiques, eh quoi! trouvez-vous donc tant de cruauté à ceux qui retrancherent quelques jours infortunés de la vie d'un vieillard, par une peine aussi douce que la ciguë? /

ERASME

p. 179 En matière d'opinion, je n'approuve ni la ciguë ni les bûchers. J'avoue que les Athéniens commencent à me paraître un peu moins criminels: mais, malgré tous vos aveux, le beau discours de Platon sur votre mort, n'en fera pas moins verser des larmes à la dernière Postérité.

SOCRATE

Sans doute. Platon, comme je vous l'ai dit, était très-éloquent. Il parlait pour un mort qui n'avait plus d'ennemis, contre des vivans qui en avaient; et d'ailleurs, on s'attendrit bien, même à des Tragédies dont les Personnages n'ont jamais existé.

ERASME

Ah! quelle serait la surprise de nos Docteurs, qui ont porté pour vous la vénération jusqu'à vous mettre au nombre des Martyrs de la vérité!

SOCRATE

Ecoutez, Erasme; je me suis instruit des nouvelles de votre monde, et je n'ignore pas la révolution qui s'est faite dans une partie de la terre. Une Religion plus épurée s'est établie sur les ruines de l'ancienne. Il était / intéressant pour les Défenseurs du nouveau Culte, d'apprendre au Peuple que, parmi les Payens mêmes, il y avait eu des personnes éclairées qui se moquaient des fables absurdes de la Mythologie. J'avoue que j'étais de ce nombre; mais conclure de-là que je m'étais élevé jusqu'à l'idée sublime de l'Etre suprême, c'est faire beaucoup trop d'honneur aux faibles lumières de l'esprit humain abandonné à lui-même. Je ne suis pas le seul à qui quelques-uns de vos Docteurs ont accordé ce glorieux privilege, et quelque chose de mieux encore. Héraclite, Platon, Aristote, Cicéron, Trajan, et jusqu'à la Sybille Erythrée, ont eu part à cette bienveillance; et j'avoue qu'à cet égard ma réputation, parmi vous, s'est plus établie par ce préjugé, que par le beau discours de Platon: tant il est vrai que les Philosophes mêmes tirent parti des croyances vulgaires! Mais s'il y a eu de vos Docteurs qui aient porté si loin pour moi une vénération que je ne méritais pas, d'autres les en ont bien relevés; et puisqu'il faut être sincere jusqu'au bout, dans l'Antiquité même les voix ont été bien partagées sur mon compte. Caton le Censeur[6], / que les Romains p.181
mettaient bien au-dessus de moi[7]; Porphire, et ceux que j'oublie, n'ont gueres eu de Socrate que l'idée que je viens de vous en donner moi-même.

ERASME

A quoi donc attribuer ces regrets si touchans des Athéniens après votre mort?

SOCRATE

J'étais le Chef d'un Parti qui prévalut. Je laissai des Disciples

6. Caton le Censeur appellait Socrate, *un grand parleur, un homme violent et un séditieux, qui avait tâché, autant qu'il lui avait été possible, de se rendre le tyran de sa Patrie, en abolissant les coutumes reçues, et en précipitant ses Concitoyens dans des opinions nouvelles, et contraires aux Loix.* Plutarque, *Vie de Caton le Censeur.* [Plutarch. *vit. Cat.* 23].

7. Témoin le Proverbe Latin: *Quippe malim unum Catonem quam ter centum Socratas.*

intéressés à réhabiliter ma mémoire dans les esprits. Enfin, je ne suis pas le seul homme dans le monde, qui ait fait fortune après sa mort.

BIBLIOGRAPHY OF 18th CENTURY WRITINGS ON SOCRATES

Adam, T. *De statua Socratis Atheniensium poenitentiae monumento publico*, Lipsiae 1745.

[ps. Alfieri, V.]* *Socrate*, Londra 1788.

[Anonim.] *Uber die Hebammenkunst des Sokrates*, Deutsches Museum, Leipzig, 1788, II, p. 214 ss.

Baumgarten, N.A. *Der sterbende Sokrates*. Ein Trauerspiel, Berlin 1746.

Bayle, P. *Dictionnaire historique et critique*, n.e., voll. 16, Paris 1820 ss. (sp. artt. *Anaxagoras, Archelaus.*).

Boetius, D. *Commentatio de philosophia Socratis*, Upsalae 1788.

Borner, Chr. Fr. *Oratio solemnis de Socrate eodemque summo ac perfectissimo boni ethici exemplo*, Lipsiae 1707.

Brucker, J. *Historia critica philosophiae* [...] 6 voll., Lipsiae 1742; 1762

* Signor Roberto Marchetti, Director of the Centro Nazionale di Studi Alfieriani, has given me the following information about the play *Socrate* which was attributed to Alfieri:

"The *Socrate* by Vittorio Alfieri is a parody of Alfieri's style published in Genoa (Scionico) in 1788 under the title of *Socrate*, di Vittorio Alfieri da Asti, tragedia una, Londra, per G. Hawkins at Milton's Head Between the Two Temple-Gates, Fleet Street, 1788.

It was reprinted several times after that: in 1796 again with the false mention of London (obtainable in Florence from Luigi Carlieri); then in Venice in 1799 at the Stamperia Graziosi a S. Apollinare; then again in Venice in 1803, printed for Antonio Rosa; lastly in this century by G. Brugnolico, *Parodie tragiche del settecento*, Lanciano Carabba 1922.

The play was believed to be Alfieri's so much so that a review unfavourable to him was published in *Nouvelle letterarie* in Florence in 1788. However, in a letter to the editor of the review, one Giorgio Viani claimed authorship of the play in collaboration with Gaspare Sauli, Gaspare Mollo and a monk called Giuseppe Sanseverino. All four used to attend the "conversazione of a Genoese lady." Cf. letter from V. Alfieri to Mario Bianchi dated 1788 (he comments on it haughtily, not to say with contempt).

Cf. G. Mazzoni, *Tragedie per ridere*, in *In biblioteca*, Bologna, Zanichelli 1886, pp. 79-98.

(*Schola Socratica*, vol. I, pp. 523-569).

[Brunck, R.F. Phil.] *Aristophanis Comoediae*, ed. R.F. Phil. Brunck, 3 voll. Argentorati 1783, (*Notae in Nubes*, vol. II, pp. 63-134).

Buhle, J.C. *Lehrbuch der Geschichte der Philosophie und einer Kritischen Literatur derselben*. Göttingen 1796 [Sokrates, p. 361 ss.].

Capasso, J.B. *Historiae philosophiae Synopsis* [...] Neapoli 1728 (*Socrates*, pp. 76-80).

Castillon, De, J. [G.F.M.M. Salvemini di Castiglione] *Sur la manière d'enseigner de Socrate*. Nouveau mémoires de l'Acad. Royale des Inscrip. et Bel. Let. Anné 1779, Paris 1781.

Charpentier, F. *La vie de Socrate*, Amsterdam 1650[1], 1657[2], 1699[3].

Charpentier, F. *Les choses memorables de Socrate. Ouvrage de Xénophon trad. du Grec. en français par M. Charpentier de l'Acad. Française*, Amsterdam 1699.

Chenier, A. *Socrate et Jésus* (ap. Lefranc, A., *Fragment inédits d'A. Chenier*) in: *Rev. d'Hist. Lit. de la France*, VIII, 1901, p. 205 s.

Clericus, J. [Le Clerc, Jean] *Logica, sive ars ratiocinandi*, in *Opp. Phil.* Tom. I. Amsterdam 1697, 1722[5], (Pars IV, Cap. 9 *de Socratica disceptandi methodo*, p. 236 ss.).

Collot d'Herbois, J.M. *Le procès de Socrate ou le régime des anciens temps*, Paris 1791.

Cooper, J.G. *The life of Socrates*, London 1749, 1771[2].

Diez, H.F. *Uber Sokrates* [...] Berlin. Monats. Berlin 1783.

Deslandes, J.C. *Histoire critique de la philos.* 1737 (*Socrate*, II, p. 122 s.).

Dresig, S.F. *De cicuta Atheniensium poena publica*, Lipsiae 1734.

Dresig, S.F. *De Socrate iuste damnato*, Lipsiae 1738.

Ducis, J.F. *La colère de Xantippe*, s.l. 1781.

Eberhard, J.A. *Neue Apologie des Sokrates*, Frankfurt-Leipzig 1772.

Eberhard, J.A. *Neu Apologie des Sokrates, oder Unter. d. Lehre v.d. Seligkeit der Heiden*, I-II, Neue Aufl., Berlin-Stettin 1776/78.

Edwards, E. *The Socratic system of moral as delivered in Xenophon's Memorabilia*, Oxford 1773.

Fénelon, Fr. de Sav. *Dialogues de Morts anciens et modernes*. Bruxelles 1843, (p. 31 ss. *Socrate et Alcibiade*; p. 38 ss. *Socrate, Alcibiade et Timon*).

Fénelon, Fr. de Sav. *Abrégé de la vie des plus illustres philosophes de l'Antiquité*, n.e. Paris 1830.

Feuerlin, J.W. *Dissertatio historico-philosophica jus naturae Socratis delineans*, Altdorf 1719.

Fontenelle, B. de Bov. *Socrate et Montaigne*, in *Dialogues des Morts*, ap. *Entretiens sur la pluralité des Mondes, aug. des Dialogues des Morts par M. de Fontenelle* [...]; Marseille 1780, pp. 174-178.

Fraguier, C.F. *Dissertation sur l'ironie de Socrate, sur son prétendu Démon et sur ses moeurs.* Mem. d. l'Acad. R. d. Inscrip., IV, Paris 1723, p. 360 ss.

Fréret, N. *Observations sur les causes et sur quelques circonstances de la condamnation de Socrate.* Mem. Lit. de l'Acad. des Inscrip. [Lû en 1736] Tom. XLVIII, Paris 1809, p. 209 ss.

Galliani, F. - Lorenzo, G. *Socrate immaginario.* Commedia in 3 atti, musica di G. Paisiello, Napoli 1775.

Garnier, l'Abbé *Premier mémoire sur Platon. Caractère de la philosophie socratique.* [Lû en 1761] Mém. de litt. de l'Acad. Royale des Inscrip. et Bel. Let. 1761-63, Tom. XXXII, Paris 1768, pp. 137-163.

Gesner, J.M. *Socrates sanctum paedersta*, Gottingae 1769.

Goechhausen, von, E.A.A. *Materialien zur Geschichte des Sokratismus*, Frankfurt a.M. 1788.

Goldsmith, D.R. [n.o.], *The Grecian History* [...] *in two volumes*, Dublin 1774 (*Socrate*, I, p. 177 ss.; 266 ss).

Gottsched, J.Ch. *Rede von Sokrates als einem unüberwindlichen Weisen.* Gesam. Reden. Leipzig 1749, p. 542 ss.

Hamann, J.C. *Sokratische Denkwürdigkeiten* [...] Amsterdam 1759 (Hamanns Schriften, II, Berlin 1821, p. 5 ss.).

Hamann, J.C. *"Wolken". Ein Nachspiel Sokrat. Denkwürdig.* Altona 1761 (Schif. II, 1821, p. 51).

Hamann, Jh. Mich. *Diss. de Socrate cum discipulis librum veterum tractante*, Königsberg 1794.

Heineccius, J.C. *Elementa Philosophiae rationalis et moralis*, Frankfurt a.M. 1728, p. 81 ss.

Heinsii, D. *Socrates sive de doctrina et moribus*, Lugduni Batav. 1612.

Heller, W.F. *Sokrate, Sohn d. Sophroniscus. Ein Dram. Gemälde*, Frankfurt 1795.

Heumann, Chr. A. *Acta Philosophorum*, I, Halle a.S. 1715 (IV *Ehrenrettung der Xantippe*, p. 103 ss.; *Von der Sokrates Leibesgestalt*, p. 126 ss.).

Humbolt, W.V. *Sokrates und Plato über die Gottheit, über Vorsehung und Unsterblichkeit*, 1787 (*Ges. Schr.* hrsg. von d. Kgl. Pr. Academie d. Wiss. I Abt., Bd. I, Berlin 1903).

Ibbeken, G.Ch. *De Socrate mortem minus fortiter subeunte*, Lipsiae 1735.

Jaeger, J.W. *Theologia moralis seu pratica*, Tübingen 1714, p. 88 ss.

Justi, L.J.C. *Über den Genius des Sokrates; eine Historisch-philosophische Untersuchung*, Leipzig 1779.

Kennet, B. *Leben der alten Griechische Dichter*, Leiden 1702 (*Sokrates*, p. 55 ss.).

Kettner, C.E. *De Socrate mortem minus fortiter obeunte*, Leipzig 1735.

Kettner, C.E. *Socratem criminis maiestatis accusatum vindicat* [...] *Ep. grat.*, Lipsiae 1738.

Knoerrius, G.C. *De vita, fatis atque philosophia Socratis*, Gottingae 1720.

König, v. J.V. *Der geduldige Sokrates*, Leipzig 1721.

Krug, G. *De Socratis in philosophiam meritis rite aestimandis*, Vitebergae

1797.
Kruse, Chr. *Vom Zweck des Sokrates und seiner Schüler*, Leipzig-Dessau 1785.
Lange, J. *Medicina mentis qua praepostera philosophandi metodo ostensa et rejecta, secundum sanioris philosophiae principa* [...], Berolini 1704 (*Socrates*, p. 242 ss.).
Le Batteux, l'Abbé *Sentiment de Socrate sur la question du principe actif (de l'univers)*, Mem. d. l'Acad. d. Inscrip. et Bel. Lett. XXXII, Paris 1768.
Lemonnier, G.A. l'Abbé *Socrate instruit par des enfans*, Magasin Encyclop. Paris 1797, pp. 242-244.
Leisner, J.F. *Prol. Socratem non fuisse μεριμνοφροντιστὴν contra Aristophanem* [...], Cizae 1741.
Less, G. *Parallel des Genius Socratis mit den Wundern Christi*, Deutsche Museum, Gottingen 1777.
Levèsque de Burigny, J. *Histoire de la philosophie payenne*, Paris 1724, XXXVI, *Socrate* p. 252 ss.).
Linguet, S.N.H. *Socrate. Tragédie en cinq actes*, Amsterdam 1764.
Locquignol, du, Ch.P. *La mort de Socrate*. Manuscript ap. Bibliot. Nat. Paris, F.F. 9282 ff. 270-306.
Lossii, J.Ch. *De arte obstetricia Socratis sive de institutione*, Lipsiae 1785.
Lusaz, J. *Oratio de Socrate cive*, Lugd. Batav. 1796.
Lusaz, J. *De διγαμία Socratis dissertatio*, Lectiones Atticae, Lugd. Batav. 1809.
Maréchal, P.S. *Dictionnaire des athées anciens et modernes*, Paris, An. VIII (*Socrates* pp. 438-440).
Meder, A.B. *Splendidam magis quam solidam esse ethnicorum philosophiae doctrinam moralem*, Halle 1705.
Meierotto, J.H.L. *De Socrate et num aevi nostri videatur Socratem quem gignere et producere*, Lipsiae 1794.
Meiners, C. *Uber den Genius des Sokrates. Vermischte Schrift.* III, Leipzig 1776.
Meiners, C. *Judicium de quibusdam Socraticorum reliquiis. Comment. societ. regiae Gottingensis*, Hist. et phil. cl. v. Gottingae 1783.
Mendelssohn, M. *Phaedon oder über die Unsterblichkeit des Seele*, Berlin-Stettin 1767 (Cap. III, *Leben u. Character d. Sokrates*).
Mentz, F. [et Sommer] *Socrates nec officiosus maritus nec laudandus paterfamilias*, Lipsiae 1716.
Mentz, F. *De Socratis methodo docendi e scholis non omnino proscribenda*, Lipsiae 1740.
Mercier, L.S. *La maison de Socrate le sage*. Comédie in 5 acts. Paris 1809.
Moreri, L. *Le grand Dictionnaire historique ou le Mèlange curieux de l'histoire sacrée et profane* [...] Amsterdam 1740[18], 8 voll. (*Socrate*, Vol. VII, p. 313 s.).

Mueller, J.S. *Pro Socratis fortitudine in subeunda morte contra clariss. Ibbekenium disputatio*, Hamburgi 1738.
Muralt, L. Beat de, *Lettres Fanatiques*, Londres 1739, 2 voll. (v. *Socrate*, t. II, p. 31, 92).
Mylius, L.Th. *Socratis Theologiam* [...] *brevissime revocatam*, Jenae 1714.
Nachtigal, J.C. *Uber die Verurteilung des Sokrates*. Deut. Monat., Berlin 1790.
Nachtigal, J.C. *Glaube Sokrates an seinem Genius?* Deut. Monat., Berlin 1794.
Nares, R. *An Essay on the Demon or Divination of Socrates*, London 1782.
Norman, L. *Dissertatio de Socrate philosopho*, Holmiae 1686.
Nozeman, B.C. *Sokrates eere gehandhaeft*, Rotterdam 1769.
Olearius, G. *De Socratis daemonio*, Lipsiae 1702.
Olearius, G. *De scriptis Socratis contra Leonem Allatium schediasma, ap.* J.C. Orellii, *Coll. Epistol. graecarum*, I, Lipsiae 1815, p. 385.
Oporin, J. *Historia critica doctrinae de immortalitate mortalium*, Hamburg 1735 (p. 190 ss.).
Paisiello, G. *Socrate immaginario*, Commedia musicale in 3 atti, testo di F. Galliani e G. Lorenzo, Napoli 1775.
Palissot, Ch., De Montenoy *Socrate et Erasme*, in *Oeuvres Complètes de Palissot*, 7 voll. n/e. London-Paris 1779. *Dialogues historiques et critiques*, Tom. VI, pp. 169-181.
Paschi, G. *Dissertatio de re litteraria pertinente ad doctrinam moralem Socratis*, Kiel 1705.
Pastoret, de Calian *Socrate*, Montauban 1789.
Pauli, G.W. *De philosophia morali Socratis*, Halae Magdeb. 1714.
Pfenninger, F. *Socratische Unterhaltungen* [...], Leipzig 1786 ss.
Plessing, F.V.L. *Osiris und Sokrates*, Berlin 1783.
Raynouard, F. *Socrate dans le temple d'Aglaure*, Paris 1804.
Reich, J. *Succinta introductio ad partem priman philosophiae moralis*, Halle 1700.
Reimarus, H.G. *De genio Socratis*, in: Primitiae Wismarienses, 1723.
Reinhard, F.V. *Imago vitae morumque Socratis e scriptoribus vetustis expressa*, Vitenbergae 1781.
Reinhard, F.V. *De ratione docendi socratica* [...] *De methodo socratica additamentum*, (*Op.* I, p. 301 ss.; 329 ss.), Lipsiae 1808.
Rollin, Ch. *Histoire Ancienne*, 6 voll. Paris 1720-1738; (*Socrates*, Tom. IV, p. 390 ss.).
Richter, C.L. *Comm. III de libera, quam Cicero* (Tusc. I 29) *vocat*, Socratis contumacia, Cassel 1788/90.
Saint Pierre, de B. *Mort de Socrate*, 1808, in *Oeuvres*, 2 voll. Paris 1840, I, pp. 646-666.
Sauvigny, E. Billardon de, *La mort de Socrate, Tragédie*, Paris 1763.

Schaarschmidt, J.F. *Socratis daemonium per tot saecula a tot hominibus doctis examinatum, quid et quale fuerit, num tandem constet?* Schneebergae 1812.
Schlosser, J.G. *Uber die Streitigkeit vom Genius des Sokrates*. Deuts. Mus. I, p. 71 ss., Leipzig 1778.
Schulz, J.H. *Historia medicinae a rerum initio ad annum urbis Romae 535 deducta*, I, Lipsiae 1728, p. 183 ss.
Schwarze, C.A. *War Sokrates ein Hypochondrist? Eine historische Untersuchung*, Görlitz 1796.
Schweighaeuser, J. *De theologia Socratis ex Xenophontis Memorabilibus excerpta*, Argentorati 1785.
Schweighaeuser, J. *Mores Socratis ex Xenophontibus Memorabilibus delineati*, Argentorati 1785.
Seelman, Th.J. *Disputatio moralis de temperamentum in actiones morales influxu*, Halle 1713.
Sieber, J.G. *De methodo disputandi Socratica*, Lipsiae 1735.
Sintenis, C.H. *Praeceptor Socraticus*, Lipsiae 1777.
Sixti, J.A. *Commentatio de genio Socratis*, Jaenae 1770.
Stanley, Th. *The history of philosophy*, London 1743 (*Socrates*, pp. 69-98).
Stapfer, Ph.A. *De philosophia Socratis*, Bern 1786.
Telemann, G. Phil. *Der Geduldige Sokrates*. Musikal. Lustspiel, Amburg 1721.
Tenneman, W.G. *Lehren und Meinungen der Sokratiker über Unsterblichkeit*, Jena 1791.
Thomas[ius], Ch., v. Charpentier *La Vie de Socrate, cit.*
Tychsen, G.C. *Uber den Prozes des Sokrates*, Bibl. d. alt. litt. u. Kunst, I, p. 1 ss, Göttingen 1786.
Uhle, A.G. *Vom Genius des Sokrates; eine philosophische Untersuchung*, Hannover 1778.
Vernet, J. *Dialogues Socratique ou Entretiens sur divers sujets de morale*, Halle 1753.
Vierthaler, Fr. M. *Geist der Sokratik. Ein Versuch den Freunden d. Sokrates u. d. Sokratik geweiht*, Salzburg 1793.
[Voltaire] *Socrates. Ouvrage dramatique*. Trad. de l'Anglais de feu Mr. Thomson par feu M. Fatema, Amsterdam 1759.
Voltaire, *Dictionnaire Philosophique.* s.v. *Atheism*, I, p. 529; s.v. *Charlatan*, II, p. 71; s.v. *Locke*, III, p. 629, in *Oeuvres Complètes*, n.e. 45 Voll. Paris 1818 ss.
Wagner, J.T. *Dissertatio de credulitate*, Halle 1714 (*Socrate* p. 67).
Wegelin, J.D. *Die Letzten Gespräche Sokrates und seiner Freunde*, Zürich 1760.
Welwood, J. *Doctrine a. death of Socrates ap. The Banquet of Xenophon*, transl. by J. Welwood, Glasgow 1750, pp. 3-115.
Wieland, Chr. M. *Socrate en délire*, Dresden 1772.

Winborn, A. *Dissertatio de Socrate*, Upsaliae 1734.
Zimmermann, J.J. *Apologia Socratis contra calumnias Aristophanis*, Mus. Helv. VI, Zürich 1751.
Zimmermann, J.J. *Meditatio de praestantia religionis christianae collatae cum philosophia Socratis*. Amoenitates litterariae, Bd. II, Zürich 1729.